Gründer, Gönner und Gelehrte

Biographienreihe der
Goethe-Universität Frankfurt am Main

Herausgegeben von der
Goethe-Universität Frankfurt am Main

SOCIETÄTSVERLAG

Die Erstellung dieser Biographie wurde gefördert
von der Polytechnischen Gesellschaft e.V.
und der Stiftung Polytechnische Gesellschaft
Frankfurt am Main.

Ralf Roth

Wilhelm Merton

Ein Weltbürger gründet eine Universität

Inhalt

Geleitwort

Die Geschichte der Goethe-Universität wurde von Menschen gemacht – von wagemutigen und tatkräftigen Politikern, weltläufigen und großzügigen Bürgern, weitsichtigen und gelehrten Forschern. Das macht die Frankfurter Universität so einmalig. Denn sie verdankt ihre Gründung 1914 nicht einem kirchlichen oder monarchischen Akt, sondern dem freien Zusammenspiel von wohlhabenden Frankfurter Bürgern, der Stadt und dem preußischem Staat. Sie zählte zu einer der bestausgestatteten, unabhängigsten und modernsten Hochschulen ihrer Zeit. Im Großen Rat und im Kuratorium wirkten Stadt und Stifter an den Geschicken der Universität mit und legten Wert auf eine neue innere Organisation: Die Naturwissenschaften wurden in einer eigenen Fakultät zusammengefasst. Auch entstand erstmals in Deutschland eine eigene Fakultät für die Wirtschafts- und Sozialwissenschaften.

Die Universität gab sich eine liberale Hochschulverfassung. Auch jüdische Gelehrte wurden berufen, denen andernorts eine Universitätskarriere noch häufig versagt blieb. Eine Fülle hervorragender Wissenschaftler, nicht selten Grenzgänger und Pioniere ihres Faches, erhielten so einen Lehrstuhl in Frankfurt und begründeten das Renommee der Frankfurter Universität. Dank ihrer herausragenden Gelehrten nahm die Universität gerade in den ersten beiden Jahrzehnten ihres Bestehens eine beeindruckende wissenschaftliche Entwicklung. Umso schmerzhafter traf sie die nationalsozialistische Machtübernahme 1933: Rund ein Drittel der Professoren und Mitarbeiter wurden aus rassistischen oder politischen Gründen aus der Universität ausgeschlossen, darunter führende Fachvertreter.

Die Goethe-Universität ist mit der Umwandlung in eine Stiftungsuniversität 2008 zu den Wurzeln ihrer Gründung zurückgekehrt. Sie nimmt dies und ihren bevorstehenden 100. Geburtstag 2014 zum Anlass, sich besonderer Menschen in ihrer Geschichte zu erinnern. Die Reihe „Gründer, Gönner und Gelehrte" wird in regelmäßiger Folge bedeutende Persönlichkeiten der Goethe-Universität vorstellen. Es geht ebenso um Pioniere der Gründerjahre (vor und nach 1914) wie um die Generation des Wiederaufbaus der Universität (nach 1945) oder Akteure der bildungsbewegten 1960er und 70er Jahre. Dabei ist es uns gelungen, eine Mischung aus jungen und etablierten Wissenschaftlern und Journalisten als Autorinnen und Autoren zu gewinnen, die zumeist in besonderer Weise mit der Goethe-Universität verbunden sind: sei es, dass sie hier lehren und forschen, sei es, dass sie in Frankfurt ihre wissenschaftliche Prägung erhalten haben.

Die Reihe „Gründer, Gönner und Gelehrte" beginnt mit der neben Franz Adickes zweiten großen Gründerfigur der Frankfurter Universität: Wilhelm Merton (1848–1916). Der Begründer der Metallgesellschaft, eines von Frankfurt aus weltweit in Rohstoffhandel und Bergbau agierenden Konzerns, gab als Mäzen der Universität entscheidende Impulse. Er verkörpert die vielfältige Verwobenheit von Wissenschaft und Stadtgesellschaft, ohne die die Frankfurter Universität nicht zu denken war und bis heute nicht zu denken ist. Der Historiker Prof. Dr. Ralf Roth, ein Kenner der Frankfurter Geschichte des 19. und 20. Jahrhunderts sowie der Entwicklung der Weltwirtschaft dieser Zeit, zeichnet das Bild dieses großen Unternehmers und Philanthropen.

Ohne tatkräftige Unterstützung hätte sich die Biographienreihe nicht verwirklichen lassen. Ich danke der Polytechnischen Gesellschaft und der Stiftung Polytechnische Gesellschaft Frankfurt für die großzügige Förderung dieses ersten Bandes und für ihre Verbundenheit mit der Goethe-Universität. Die Reihe wird von einem wissenschaftlichen Beirat betreut, der in seiner Zusammensetzung die disziplinäre Vielfalt der Universität widerspiegelt. Ich danke Prof. Dr. Notker Hammerstein, Prof. Dr. Matthias Lutz-Bachmann, Prof. Dr. Horst Schmidt-Böcking, Prof. Dr. Bertram Schefold, Prof. Dr. Michael Stolleis und PD Dr. Helmut Wicht für ihr Engagement und den fachlichen Rat. Mit dem Societäts-Verlag hat die Goethe-Universität einen Verlagspartner gefunden, der die Entstehung des ersten Bandes kompetent begleitet hat. Nicht zuletzt danke ich in der Universität Ulrike Jaspers, Dr. Michael Maaser, Dr. Kerstin Schulmeyer und Andreas Weidemann für ihr Engagement und manche Extrastunde, die das Erscheinen dieses ersten Bandes der Biographienreihe der Goethe-Universität möglich gemacht hat.

Prof. Dr. Werner Müller-Esterl
Präsident der Goethe-Universität

Einleitung: Ein Industrieller gründet Hochschulen

Zwischen August und Oktober 1914 trat die Universität Frankfurt nach jahrelangen Vorbereitungen und jahrzehntelangen Gedankenspielen sowie einer am Ende breiten öffentlichen Diskussion ins Leben. Die Zeit hätte ungünstiger nicht sein können. Das deutsche Kaiserreich befand sich am Beginn eines Krieges, der in wenigen Tagen Europa und dann nach und nach die ganze Welt erfasste, schlussendlich zum Untergang der Monarchie in Deutschland und zwischen dem 9. November 1918 und dem 19. Januar 1919 zu einer aus einer Revolution geborenen Republik führte. Am Kriegsbeginn hatten nur wenige einen derartigen Ausgang erwartet. Siegeszuversicht und Erregung über die Politik der europäischen Nachbarn bestimmten die öffentliche Diskussion. Auch wurden erste Listen aufgesetzt, was im Falle des Siegs von den anderen, den Feinden, gefordert werden müsse.

Am 1. August hatte der Kaiser noch zusammen mit der Mobilmachung und der Kriegserklärung an Russland auch die Satzung für die Frankfurter Universität unterzeichnet, deren Gründung er bereits am 10. Juni bewilligt hatte. Am Tag der Abreise zum Heer ernannte er noch den zukünftigen Rektor Richard Wachsmuth und seinen Stellvertreter Friedrich Panzer. Universitätsgründung – im Übrigen die erste im 20. Jahrhundert – und Krieg fielen also in eins. Am Ende des Monats konstituierte sich – unter dem medialen Echo gewaltiger Schlachtengetöse im Osten und Westen Deutschlands – der Große Rat. Zu seinem Vorsitzenden wurde per Verfügung des preußischen Kultusministers August von Trott zu Solz Oberbürgermeister Franz Adickes ernannt. Die erste ordentliche Sitzung fand eine Woche später im Hörsaal der Dr. Senckenbergischen Bibliothek statt, und dort wurde vor allem das Kuratorium, also der Verwaltungsausschuss der Universität, gewählt und der Haushalt beschlossen. Diesem Großen Rat gehörten in erster Linie diejenigen an, die sich für die Gründung der Universität eingesetzt hatten.

Darunter befanden sich bekannte Namen – Namen, die nicht nur in Deutschland, sondern auch in Europa oder den USA einen Klang hatten – wie Wilhelm Merton, Arthur von Weinberg oder Henry Budge. Trotz der epochalen Kriegsereig-

Eröffnung der Universität in der Aula des Jügelhauses am 26. Oktober 1914.

nisse hielt das Gremium an der Eröffnung der Universität zum Wintersemester fest, auch wenn der Kaiser seine im Juni zugesagte Teilnahme kurz nach Kriegsbeginn zurückgezogen hatte. Statt einer prunkvollen Feier, die man eigentlich für den 18. Oktober geplant hatte, verlegte der Gründungsausschuss die Veranstaltung auf den 26. Oktober und entschied: *„Die Eröffnung wird dem Ernst der Zeit entsprechend, ohne Sang und Klang stattfinden.“* (Voigt, Die Gründung, Vorwort)

Als der Tag herangerückt war, hielt der Rektor, der Physiker Richard Wachsmuth, die Eröffnungsrede. An seiner Stelle hätte eigentlich Paul Ehrlich, der Begründer der Immunologie, der 1908 zusammen mit Ilja Iljitsch Metschnikow den Nobelpreis für Medizin erhalten hatte, das erste Rektorat übernehmen und die Rede halten sollen, doch war seine Gesundheit bereits zu stark angegriffen. Wenn die Aufmerksamkeit der Öffentlichkeit auch vom Aufmarsch des deutschen Heeres, von den millionenfachen Einberufungen, den Soldatenaufzügen und den Zügen mit Soldaten ganz in Anspruch genommen wurde, hatte es doch an Glückwünschen in dieser schwierigen Zeit nicht gefehlt. Der Kaiser persönlich telegraphierte in seiner Rolle als preußischer König aus dem Hauptquartier: *„Ich danke herzlich für die Meldung, daß die dortige Universität ihre Arbeit jetzt*

Prof. Dr. Richard Wachsmuth, erster Präsident der Frankfurter Universität.

beginnen wird. Gern hätte ich am heutigen bedeutungsvollen Gedenktage die hochherzige Stiftung Frankfurts und seiner opferwilligen Bürgerschaft persönlich eingeweiht. Die notwendig gewordene Verteidigung des Vaterlandes gegen ruchlose Angriffe unserer Feinde hat mir dringendere Pflichten auferlegt. Meine wärmsten Wünsche geleiten die neue Pflanzstätte deutscher Bildung und Wissenschaft. Möge sie aus der ernsten Zeit ihrer Begründung heraus sich zu kräftiger Blüte in glücklicheren Tagen entwickeln. Möge die treue Arbeit der Lehrer und der Fleiß der zu ihren Füßen sitzenden deutschen Jugend allezeit getragen sein von dem Geiste einmütiger Liebe zum Vaterlande, der jetzt unser deutsches Volk so stark und unbesiegbar macht. Gott der Herr aber segne Frankfurt und seine Bürgerschaft. gez. Wilhelm. Rex". (Zit. n. Heilbrunn, Die Gründung, 229 f.)

Nicht nur der Kaiser und König, auch der Kultusminister gratulierte und das im August gewählte Kuratorium überreichte eine Plakette, die ganz im Sinne der Humanitas eine Eule als Symbol von Weisheit und Wissen zierte. Dazu wollte sich jedoch der markige Schriftzug auf der Umrandung nicht fügen. Er hätte eher zu einem Adler oder Greifen gepasst: „*Als Hochburg des Geistes / Hat Dich geschaffen / In Wehr und Waffen / Ein eisern Geschlecht. / Ihr Wächter des Baus, / Nun hütet das Haus / Zu Deutschlands Ehre / In Forschung und Lehre / Treu, wahr und gerecht!*" (Zit. n. Heilbrunn, Die Gründung, 230 f.)

Die Feier selbst verlief nicht nur „sang- und klanglos", sondern auch in einem eng bemessenen Zeitrahmen. Immerhin versammelte sich, was in Frankfurt Rang und Namen hatte. Der Stadtrat Ludwig Heilbrunn erwähnt in seinem zusammenfassenden Bericht von der Eröffnung die neuen Gremien der Universität, den Großen Rat und das Kuratorium. Aber namentlich hebt er nur ein Mitglied hervor: Franz Adickes, der vom Minister zum Vorsitzenden des Kuratoriums ernannt worden war – ein Amt, das er nur kurz ausüben konnte. An seine Stelle rückte wenige Monate später sein Stellvertreter, der amtierende Oberbürgermeister Georg Voigt, und zu dessen Stellvertreter wiederum wurde der mit allen anderen nicht Genannte Wilhelm Merton. Und doch hätte es Heilbrunn gut angestanden, gerade diesen Namen nicht nur zu erwähnen, sondern auch auf seine entscheidende Rolle bei der Entstehung der Universität einzugehen, denn die Stadt, für die Heilbrunn den Bericht schrieb, hatte gerade Merton viel zu verdanken. Sein Anteil am Aufbau der neuen „*Hochburg des Geistes*“, die als krönender Abschluss der über 150 Jahre hinweg in Frankfurt geschaffenen wissenschaftlichen und kulturellen Einrichtungen angesehen werden kann, war einzigartig. Dank seines unermüdlichen Wirkens traten Einrichtungen ins Leben, die den das ganze 19. Jahrhundert hindurch immer wiederkehrenden Gedanken, die reiche Handels- und Bankenstadt mit einer Universität zu zieren, den nötigen Impuls lieferten. Der Weg führte von dem von ihm geschaffenen Institut für Gemeinwohl über die von ihm mitbegründete und maßgeblich geprägte Akademie für Sozial- und Handelswissenschaften zur Johann Wolfgang Goethe-Universität mit ihren besonderen Schwerpunkten in den modernen Naturwissenschaften Physik und Chemie sowie den Sozialwissenschaften, der Grundlagenforschung über das Funktionieren moderner Gesellschaften.

Wer war dieser Wilhelm Merton? Kurz könnte man sagen, ein Händler, besser ein Großhändler, noch genauer ein Großhändler, der sich mit großem Erfolg an der weltweiten Exploration und Vermarktung von Nichteisenmetallen beteiligt hat und dabei zum unumstrittenen Leiter eines weltweit tätigen Unternehmens aufstieg, eines Konzerns oder eines „Trusts“, wie es im damaligen ungenauen Sprachgebrauch hieß. Heute würde man eher „Global Player“ sagen. Merton war ohne Zweifel ein Mann von Welt, der allerdings – im Unterschied zu den Größen unserer Zeit – stets in Frankfurt verwurzelt blieb und bei dem sich, was ebenfalls heute Seltenheitswert besitzt, wirtschaftliches und soziales Handeln, Rationalität und Humanität, Begeisterung für private Sozialpolitik und für Wissenschaft untrennbar vermischten. Sein Lebensweg war in jeder Beziehung ungewöhnlich und durchaus nicht geradlinig.

I. Vom Kaufmannssohn zum Firmenchef

Wilhelm Merton stammte aus einer Familie mit britischen Wurzeln. Denn ihren Ursprung hatten die Mertons in der Familie Moses, die zur Führungsschicht der Londoner jüdischen Gemeinde gehörte. Im Jahre 1834 fasste eines ihrer Mitglieder, Raphael Lyon – später Ralph – Moses, gerade einmal 17 Jahre alt geworden, den Entschluss, London zu verlassen und sein Glück in Frankfurt am Main zu suchen. Dort angekommen absolvierte er in der Bank- und Metallhandelsagentur von Philipp Abraham Cohen eine kaufmännische Lehre. Von dieser Zeit an bis zu seinem Tod im Jahre 1883 hat er der Stadt – trotz mancher Widrigkeiten – die Treue gehalten. Vielleicht lag es daran, dass er gleich am Anfang in seiner Gastfamilie auf Gleichgesinnte traf, denn auch die Cohens waren Zuwanderer, die zehn Jahre vor Ralph Moses in die Handelsstadt am Main gekommen waren. 1837 sollte Ralph Moses die Tochter seiner Gastfamilie Sara Amelie Cohen heiraten.

Eigentlich stammte Philipp Abraham Cohen aus Hannover; jedenfalls wurde er dort im Jahre 1790 als Sohn des Kammeragenten Abraham Herz Cohen geboren. Nachdem er in Münden im Alter von 26 Jahren Eleonore Wertheimer (auch Wertheimber), eine Tochter des Frankfurter Handelsmannes Zacharias Isaak Wertheimer, geheiratet hatte, zog es ihn zum Heimatort seiner Schwiegereltern. Das hatte seine Gründe. Sein Schwiegervater besaß ein gut gehendes Bankgeschäft und Frankfurt war schon damals ein Finanzplatz von europäischem Rang, an dem sich Bankiers wie die Rothschilds und Bethmanns auf den Staatspapierhandel spezialisiert hatten.

Auch die Wertheimers waren ihrerseits jüdische Zuwanderer und hatten sich am Ende des 18. Jahrhunderts von Wien kommend gleich mit mehreren Familienmitgliedern in Frankfurt niedergelassen. Zacharias Isaak Wertheimer siedelte 1769 nach Frankfurt über und gründete mit einem weiteren Familienmitglied, Elias Isaac Wertheimer, ein Unternehmen, das einen regen Handel mit Staatspapieren und mündelsicheren Wertpapieren unterhielt. Viele Familienmitglieder betätigten sich als Hoffaktoren und eröffneten später weitere Bankgeschäfte. Im 19. Jahrhundert waren sie zudem führend im Goldhandel.

Im Jahre 1824 war es so weit: Philipp Abraham Cohen ließ sich mit seiner Frau in Frankfurt nieder. Er fasste als israelitischer „Permissionist", also mit einem dauerhaften Aufenthaltsrecht versehen, Tritt in den Bankunternehmen seiner Schwiegereltern und gründete mit ihrer Hilfe die Bank- und Metallhandelsagentur, in der der Fremde aus London, Ralph Moses, erst einmal unterkam. Ralph Moses nahm eine Wohnung in der Langestraße, ganz in der Nähe seines Lehrherren, und begann eine Kaufmannslehre. Es sollten noch zwei Jahrzehnte vergehen, bis Cohen die Firma unter seinem eigenen Namen als „Handlung in Metallwaren, Wechsel, Kommission und Spedition" in das Handelsregister der Stadt eintragen lassen konnte, weil er dazu erst das Frankfurter Bürgerrecht hatte erwerben müssen. Er nahm dennoch am öffentlichen Leben der Stadt teil, trat kurz nach seiner Niederlassung in der Stadt dem Verein zur Unterstützung der Handwerke unter den Israelitischen Glaubensgenossen bei, beteiligte sich später, in den 1840er Jahren, als Aktionär am Eisenbahnbau in der Umgebung der Stadt wie auch an der Gründung der Bank für Handel und Industrie und der Frankfurter Bank. Dennoch hat Philipp Abraham Cohen lange gewartet, bis er den Schritt der Einbürgerung vollzog. Offenbar ist das Geschäft trotz der Verbindung mit dem

Hannover'schen Stammhaus nur langsam gewachsen. Erst im Jahre 1850 erschien es ihm angebracht – auf materiell abgesicherter Grundlage – das Bürgerrecht zu beantragen. Sein Enkel William – später Wilhelm – Moses – später Merton – war bereits zwei Jahre alt, als es dem Großvater gelang, das Bürgerrecht zu erwerben. Mit der Einbürgerung ging auch die Aufnahme in die Israelitische Gemeinde einher. Die stellte erst einmal – wie bereits der Rat vorher – das Vermögen der Cohens fest, taxierte es auf 200.000 Gulden und erhob ein Aufnahmegeld, zu dem noch Zahlungen an die sozialen Einrichtungen der Gemeinde kamen: je 100 Gulden an das Christ'sche Hospital, das Rochushospital und den israelitischen Almosenkasten. Philipp Abraham Cohen war also wohlhabend. Darauf deutet auch sein Hausbesitz hin. Er bewohnte zwei Häuser in der Langestraße. Sie hatten zusammen einen Wert von 44.000 Gulden. Er gehörte damit zu den wohlhabenderen Hausbesitzern der Stadt. Immerhin standen ihm neun Zimmer, zahlreiche Kammern und ein Handelscomptoir für seine geschäftlichen und privaten Zwecke zur Verfügung.

Der Vater von Wilhelm Merton, Raphael Lyon Moses, der sich nach seiner Namenskonversion ab 1855 Ralph Merton nannte.

Bei dem aus London eingewanderten Schwiegersohn Ralph Moses ging die Einbürgerung schneller vonstatten. Er erlangte sie fünf Jahre nach Philipp

Abraham Cohen. Beide verdankten die rasche Bearbeitung ihrer Anträge und die Bewilligung des Bürgerrechts in Jahresfrist vor allem ihren Frauen, die jeweils bereits Bürgertöchter und damit Angehörige der Bürgergemeinde waren. Hatte Philipp Abraham Cohen den positiven Bescheid von 1850 in erster Linie dem Umstand zu verdanken, dass er eine Frankfurter Israelitische Bürgerstochter geheiratet hatte, die diesen Status qua Geburt von ihrer Familie, den Wertheimers, geerbt hatte, so verdankte Ralph Moses die rasche Bearbeitung seines Gesuchs Sara Amelie Cohen, die als Tochter von Philipp Abraham Cohen in dessen Bürgerrechtserwerb eingeschlossen war und es ihrem Mann damit ermöglichte, über die Brücke der Einheirat das Frankfurter Israelitische Bürgerrecht zu erwerben. Diese Möglichkeit bestand auch über ihren Tod hinaus fort, und so konnte Ralph Moses den Antrag noch stellen, obwohl sie bereits zwei Jahre zuvor gestorben war. Beide hatten 1837 jung geheiratet und von 1850 bis 1853 war Amelie Frankfurter Bürgerstochter und zugleich Ehefrau von Ralph Moses gewesen. Das hatte genügt, um in den Genuss dieses privilegierten Wegs der Einbürgerung zu gelangen.

Die Bürgerrechtserwerbung hatte einen bestimmten Zweck. Ralph Moses sollte die Firma seines alten Lehrherren und Schwiegervaters übernehmen, und das konnte er nur als Israelitischer Bürger Frankfurts. Die Einbürgerung erfolgte nicht zu früh, denn schon im darauffolgenden Jahr, vier Monate, nachdem das Einbürgerungsgesuch bewilligt worden war, starb am 28. März 1856 Philipp Abraham Cohen in seinem 66. Lebensjahr. Bei seinem Tode war der Geschäftsübergang abgeschlossen. Ralph Moses hatte sich gerade etabliert. Die Einbürgerung und Geschäftsübernahme ging mit einer Namenskonversion einher. Ralph Moses legte mit Erlaubnis des Frankfurter Rats den Familiennamen ab und wechselte zu

Merton. Er folgte dabei seinem in London lebenden Bruder, der sich bei der Namenswahl an der Herkunftsregion der Familie orientiert hatte. Sie stammte aus der heute zu London gehörenden „Borough of Merton“. Auswanderung, Etablierung in einer fremden Umgebung, Einheirat und Anpassung an fremde Gepflogenheiten wie die Einbürgerung und die erfolgreiche Geschäftsübernahme – Ralph Moses hatte ein gehöriges Maß an Flexibilität bewiesen. Am Ende wurde mit dem neuen Namen ein Schlussstrich unter die Transformation vom Londoner Einwohner aus jüdischem Hause und britischem Untertanen zum Frankfurter Israelitischen Bürger gezogen. Ralph Merton war in Frankfurt angekommen – ohne allerdings die Verbindungen nach London zu kappen, worauf die Namenskonversion unmissverständlich verweist.

Die noch vorhandenen politischen Diskriminierungen, die mit dem Status „Israelitischer Bürger“ verbunden waren – also Einschränkungen der Anteilnahme an den politischen Gremien der Stadt –, wurden in den ersten Jahren von Ralph Mertons Bürgerdasein Schritt für Schritt abgebaut. Sie endeten 1864 mit der vollständigen Gleichstellung der Mitglieder der jüdischen Gemeinde. Aus Israelitischen wurden Frankfurter Bürger. Von Ralph Merton ist nicht bekannt, ob er sich von den noch verbliebenen rechtlichen Diskriminierungen hat beeindrucken lassen. Er hatte andere Sorgen. Er musste nach dem Tod seiner Frau für seine sieben Kinder sorgen. Sorgenfrei wuchsen seine Kinder nicht auf. Ihre Erziehung übernahm die streng orthodoxe Großmutter. Zu ihren herausragenden Zöglingen zählte der an vorletzter Stelle und als fünfter Sohn geborene William, von dessen Genie am Anfang allerdings wenig zu spüren war.

Er hatte mitten in der Revolution am 14. Mai 1848 in Frankfurt am Main das Licht der Welt erblickt und starb mitten im Ersten Weltkrieg am 15. Dezember 1916 in Berlin. Bis 1856 nannte er sich William Moses, zusammen mit der Namenskonversion seines Vaters dann William Merton und 1899, nach seiner Konversion zum protestantischen Glauben, deutschte er seinen Vornamen in Wilhelm ein. In der Schule glänzte er nicht. Nach der Schulzeit am Frankfurter städtischen Gymnasium und dem Besuch akademischer Vorlesungen in München trat Wilhelm Merton in die väterliche Metallhandlung, die immer noch Philipp A. Cohen hieß, ein und sammelte dort sowie im Londoner Handelshaus Henry R. Merton & Co., das von seinem älteren Bruder Henry aufgebaut worden war, erste berufliche Erfahrungen. Die Lehrzeit und der Wechsel zwischen den Standorten London und Frankfurt ließen genügend Raum, eigene Wege zu beschreiten. Es zog ihn auf Bälle und zu Tanzvergnügen und er zog es vor, sich mit Mädchen zu vergnügen und sich treiben zu lassen, ohne die Bürde der Verantwortung tragen zu müssen. „*Sich herumtreiben*“ nannte er das später. (Zit. n. Achinger, Wilhelm Merton, 20 f.) Das blieb so, selbst als die Welt um ihn herum aus den Fugen geriet.

Als Achtzehnjähriger erlebte William, wie die Familie mit dem Untergang Frankfurts geschäftlich in unruhiges Fahrwasser geriet. Die preußische Armee besetzte die Stadt. Es folgten Kontributionen, die politische Entmachtung und die Einverleibung in den preußischen Staat. Ralph Merton schätzte die Zukunft des Standorts Frankfurt pessimistisch ein. Er stand mit dieser Auffassung nicht allein, und es gab gute Gründe, diese Meinung zu teilen. Frankfurt wurde von den neuen Machthabern bewusst vernachlässigt. Die Provinzialverwaltungen, Regierungspräsidien, höheren Gerichte und sonstigen Behörden wurden an Wiesbaden und Kassel vergeben. Die wirtschaftlichen Zentren Preußens lagen in Aachen, Köln, Berlin, Königsberg und Breslau. Die ökonomischen Perspektiven, die für die Entwicklung der Handelsstadt blieben, erschienen deshalb recht überschaubar. Frankfurt hatte über Generationen hinweg davon profitiert, sich als Finanz- und Handelsplatz nicht allzu eng an die beiden deutschen Großmächte Preußen und Österreich anzulehnen. Mit dieser Neutralitätspolitik konnten nach dem Ende seiner Bedeutung als Wahl- und Krönungsstadt der deutschen Kaiser große Erfolge verzeichnet werden. Die Stadt erlangte nach dem Wiener Kongress von 1815 den Sitz des Bundestages, des höchsten Gremiums des Deutschen Bundes, und sie profilierte sich – wie insbesondere 1848 – als zukünftige Hauptstadt eines liberal und demokratisch fundierten deutschen Nationalstaates. Nun, Ende der 1860er Jahre, war die Zukunft ungewiss, und viele Frankfurter machten aus ihrer Skepsis kein Hehl.

William Mertons Vater ging noch einen Schritt weiter. Er entschied sich dafür, nicht abzuwarten, sondern trat aus dem Frankfurter Bürgerverband aus, dem er elf Jahre zuvor mit großen Erwartungen beigetreten war. Er reaktivierte zugleich seine englische Staatsbürgerschaft und entzog sich auf diese Weise der preußischen Militärdienstpflicht. London lag damals für die Mertons viel näher als Berlin. Doch die Lage konsolidierte sich in wenigen Jahren. Als Zeichen dafür kann gelten, dass William im Jahre 1870 ein Volontariat bei der Deutschen Bank in der neuen Reichshauptstadt antrat; auch wenn es nur ein halbes Jahr dauerte. Doch all das berührte den jungen Merton wenig. Die Jahre drohten dahinzugehen. Dann vollzog sich im Leben des jungen Kaufmanns eine dramatische Wende. Er erkrankte schwer an einer Lungenentzündung und kam nur mit einigem Glück mit dem Leben davon. Die Todeserfahrung beförderte, was weder die geschäftliche noch die politische Krise vermocht hatten, eine positivere Einstellung zu seinem Kaufmannsberuf, dem er nach seinem

Erweckungserlebnis mit einer größeren Ernsthaftigkeit und Zielstrebigkeit nachging. Enge Vertraute berichteten darüber: „*Er hat mir einmal erzählt, wie ihn dies in früheren Jahren, nachdem er eine Zeitlang gedankenlos das übliche Leben eines reichen jungen Mannes geführt hatte, fast plötzlich überfallen habe. Er sprach davon nicht wie von einer Bekehrung, sondern lächelnden Mundes als von einer ganz natürlichen Entwicklung.*“ (Zit. n. Achinger, Wilhelm Merton, 323)

In der Gründerkrise hatte Merton erstmals Gelegenheit, sich zu bewähren, und erwies sich in der stürmischen Zeit, die die Metallhandlung kräftig durchschüttelte, als eine große Hilfe. Die Nationalstaatsgründung von 1871 am Ende des Krieges mit Frankreich und mitten im Feindesland, in Versailles vollzogen, hatte erst zu einem breiten wirtschaftlichen Aufschwung geführt, der einerseits von der Erwartung auf eine friedliche Zukunft in einem mächtigen Nationalstaat und andererseits von den französischen Kriegsentschädigungszahlungen mächtig befeuert worden war. Die Hochkonjunktur nahm rasch die Züge einer sich hochgradig überhitzenden Spekulationsblase an. Bei vielen Rohstoffen und Investitionsgütern stiegen die Preise sprunghaft in die Höhe. Noch mehr kam hinzu: Im Juni 1870 – also mitten im Krieg – war in Preußen die Konzessionspflicht für die Gründung von Aktiengesellschaften aufgehoben worden. Das löste eine unerwartet heftige Gründungswelle von neuen Unternehmen aus. Mit der Liberalisierung des Aktienrechts entstanden allein in Frankfurt in kurzer Zeit zehn neue Banken, von denen sich jedoch nur vier langfristig behaupten konnten. Viele profitierten von dem Gründerfieber. Die Gefahren einer konjunkturellen Überhitzung, die jedoch damit verbunden waren, wollten selbst erfahrene Wirtschaftskreise nicht sehen. Noch am 8. September 1872 – rund ein halbes Jahr vor dem Platzen der

Börsenträume – sprach die Frankfurter Handelskammer in einem Bericht von einem „*sehr bedeutenden und durchaus gesunden Geschäft*". (HeStaWi, Abt. 405, n. 1067) Kurz darauf brach der Aufschwung ab, und die Kurse stürzten ins Bodenlose. Der Untergang des größten deutschen Konzerns, die Eisenbahnunternehmungen von Bethel Henry Strousberg, und der Wiener Börsenkrach vom 9. Mai 1873 gaben das Signal für den vollständigen Zusammenbruch des Gründerbooms im Deutschen Reich. Es folgte eine lange Phase relativer wirtschaftlicher Stagnation, die eine drastische Korrektur der vorangegangenen inflationären Preisentwicklung brachte.

Die Korrektur traf auch die Frankfurter Wirtschaft und mit ihr die Bank- und Metallhandlung Philipp Abraham Cohen, der Ralph Merton seit 17 Jahren vorstand, zuletzt in Assoziation mit Wilhelms älterem Bruder Zachary. Wilhelm selbst half tatkräftig mit und reorganisierte – gerade 24 Jahre alt – die Frankfurter Firma in diesen Krisenjahren. Hier zeigte er erstmals, was an verborgenen Talenten in ihm steckte. Die erfolgreiche Konsolidierung brachte ihm vier Jahre später die frühe Teilhaberschaft ein, nachdem er sich 1876 endgültig dafür entschieden hatte, in Frankfurt zu bleiben und nicht nach London zu wechseln. Der Beginn war nicht einfach. Er selbst erinnerte sich später daran: „*Als ich im Jahre 1876 meinen Bruder Zachary in Frankfurt a. M. ablöste und an seiner Stelle Associé wurde, fand ich, wiewohl ich bereits im Jahre 1872/73 einmal längere Zeit kräftig eingewirkt und manche Reformen herbeigeführt hatte, Verhältnisse vor, die derart ungünstig waren, dass mit dem Kapital gerade noch drei Prozent gemacht wurden und ein gänzlicher Rückgang des Geschäfts unausbleiblich schien. Unter solchen Umständen war ich genötigt, sowohl radikale innere Änderungen durchzuführen, als auch das Geschäft auf eine ganz andere Grundlage zu stellen.*" (Schreiben W. Merton an H. Oswalt vom 21. Januar 1907. HWA, Abt. 119, Nr. 919)

Ohne zusätzliches Kapital war wenig auszurichten. William Merton zögerte nicht lange, wandte sich jedoch nicht an eine Bank, sondern heiratete ein Jahr später im Alter von 29 Jahren die achtzehnjährige Henriette Caroline Emma Ladenburg, die Tochter des Frankfurter Bankiers Emil Ladenburg. Hatten die Cohens sich bei ihrer Einwanderung nach Frankfurt mit der Familie Wertheimer verbunden und dann die Moses mit den Cohens, so wurde über eine Heiratsverbindung mit den Ladenburgs ein weiterer wichtiger Knoten im familiären und

William Merton in jungen Jahren.

wirtschaftlichen Netzwerk der Cohens und Mertons geknüpft. Verbunden hatte nicht allein die gemeinsame Religion, sondern auch das gemeinsame Milieu, und das erstreckte sich nicht nur auf die kaufmännische Erfahrungs- und Lebenswelt. Auch die Ladenburgs gehörten zur Gruppe der jüdischen Zuwanderer, die ihr Stammhaus, das Bankhaus W. H. Ladenburg & Söhne, eigentlich in Mannheim hatten, der Stadt, in der Emil Ladenburg im Jahre 1822 auch zur Welt gekommen war. Das Bankhaus war von Wolf Hajum Ladenburg im Jahre 1785 aus bescheidenen Anfängen im Juwelen- und Geldhandel gegründet worden und hatte sich dann rasch zu einer erfolgreichen Kreditanstalt für das Mannheimer Gewerbe entwickelt. Im Jahre 1838 trafen die Söhne und Enkel von Wolf Hajum die Entscheidung, eine Filiale in Frankfurt zu gründen, die erst von einem Bruder Emil Ladenburgs und dann, nachdem er mit 26 Jahren ein gewisse Reife erworben hatte, von Emil Ladenburg selbst geführt wurde. Weitere Filialen entstanden nach dem Vorbild der Rothschilds in Wien, London und New York. Die Ladenburgs spezialisierten sich auf Industriefinanzierungen. So engagierte sich das Bankhaus 1842 zusammen mit dem Bankhaus Hohenemser, den Zigarrenfabrikanten Gebrüder Mayer und anderen bei der Gründung der Mannheimer Dampfschleppschifffahrtsgesellschaft und war am 25. März 1865 maßgeblich am Gründungsakt der Badischen Anilin- und Soda-Fabrik (BASF) in Ludwigshafen beteiligt. Mit ähnlichen Aktivitäten ging es weiter. Die herausragende Position der Frankfurter Filiale, die unter dem Namen E. Ladenburg als Privatbank weitergeführt wurde, verdankte sie neben dem Ansehen des Mannheimer Mutterhauses vor allem der Arbeit Emil Ladenburgs, der die junge Firma mit großem Erfolg aufbaute. Für seine Verdienste bekam er den Titel des Geheimen Kommerzienrats verliehen, und man kann ihn mit gutem

Grund einen einflussreichen deutschen Bankier nennen. Sein Vermögen wurde 1910 auf 12 Millionen Mark geschätzt. Er heiratete am 17. März 1852 Eugénie Halphen, die aus einer angesehenen Pariser Familie stammte, die wiederum mit den Pariser Rothschilds gleich mehrfach verwandt war.

Der finanzielle Rückhalt bei den wohlhabenden Ladenburgs erlaubte es William Merton vier Jahre später, die Metallgesellschaft AG zu gründen, die er mit den Geschäften, der Organisation und den Guthaben der in ihr aufgehenden Cohen'schen Metallhandlung ausstattete. Die Aktiengesellschaft verfügte über ein Gründungskapital von zwei Millionen Mark. Dafür waren 4.000 Aktien à 500 Mark ausgegeben worden, von denen zwei Drittel in den Besitz von Ralph und William Merton übergingen und ein Drittel von Leo Ellinger, einem Großneffen von Philipp A. Cohen, gezeichnet wurde. Nachdem sich die Metallgesellschaft etabliert hatte, wurde die Handlung Philipp A. Cohen 1883 liquidiert. Ihr Geschäft hatte sich überlebt, an ihre Stelle trat die moderne „Metallgesellschaft AG", deren Zweck nicht mehr länger nur im Handel mit Metallen bestand, sondern die darüber hinaus auch die Erzerschließung und -verhüttung anstrebte. Der erste Aufsichtsrat der Metallgesellschaft bestand aus einer ausgesprochen jungen Führungsspitze, die sich aus dem 33-jährigen William

Leo Ellinger, Gründungsmitglied und Miteigentümer der Metallgesellschaft.

Merton, dem 28-jährigen Leo Ellinger sowie dem etwas älteren Justizrat Carl Hamburger zusammensetzte.

Zachary Hochschild, erster Vorstand der Metallgesellschaft.

Leo Ellinger beteiligte sich rege am Frankfurter öffentlichen Leben. Er trat in den 1890er Jahren der Senckenbergischen Naturforschenden Gesellschaft, dem Physikalischen Verein, dem Geographischen Verein sowie dem Städelschen Museumsverein bei. Politisch engagierte er sich beim Fortschrittsverein. Das Betätigungsfeld von Carl Hamburger waren mehr die politischen Gremien der Freien Stadt, also die Wahlkollegien und die Gesetzgebende Versammlung, gewesen und das Milieu der Französisch-reformierten Gemeinde, die er im Kirchenvorstand vertrat. Erst später, nachdem die Freie Stadt ihr Ende gefunden hatte, trat er der Senckenbergischen Naturforschenden Gesellschaft bei. Zwei Jahre später kam noch Professor Clemens Winkler von der Bergakademie in Freiberg hinzu. Sie beaufsichtigten den ersten Vorstand, zu dem sie den Prokuristen von Philipp A. Cohen, den 26-jährigen Zachary Hochschild bestimmten, der mit Leo Ellinger verschwägert war. Das blieb so bis 1904. Damit war aus Mitgliedern einer eng begrenzten Anzahl verwandtschaftlich verbundener Familien aus dem jüdischen und refomierten Milieu eine Basis geschaffen worden, auf der William Merton in den nächsten 20 Jahren einen gigantischen Weltkonzern aufbaute, der Geschichte schrieb.

II. Aufbruchszeit

Die Zeitumstände für den rasanten Aufstieg des Unternehmens waren günstig. Die Stadt Frankfurt baute ihren industriellen Sektor nachhaltig aus. Das Kaiserreich trat in die Phase der Hochindustrialisierung und erstmals bildete sich eine Weltwirtschaft heraus, die heute im Allgemeinen als erste Phase der Globalisierung angesehen wird. Auf allen drei Ebenen profitierte Merton von der die ganze Welt erfassenden industriellen Revolution. Nach dem Ende des Stadtstaates und der damit verbundenen Aufhebung der Zuzugsbeschränkungen entwickelte sich Frankfurt, dem Trend der Urbanisierung folgend, sozial und wirtschaftlich äußerst dynamisch. Viel rascher als vorher stiegen aufgrund der Zuwanderung die Einwohnerzahlen. Durch Eingemeindungen verdoppelte sich nicht nur die Fläche der Stadt, sondern damit kam auch in großem Umfang die Industrie nach Frankfurt, die sich aufgrund der Gewerbepolitik des früheren Stadtstaats eher in der Umgebung angesiedelt hatte. Im Jahre 1863 zählte die städtische Gewerbestatistik erst gegen 40 „Etablissements" von Eisen- und Bronzegießereien, kleineren Chemiefabriken, Schriftgießereien und Fabriken für Modeartikel. Anfang der 1880er Jahre jedoch entwickelte sich mit den Eingemeindungen bald ein Ring von Fabrikvierteln um Frankfurt. In diesem Ring siedelten sich zwar aus fast allen Gewerbebereichen Fabriken an, dennoch war diese Industrie nicht einfach breit gestreut, sondern wies ganz markante Schwerpunkte auf. Ihr Kernbereich lag eindeutig in der Metallverarbeitung, insbesondere im Maschinenbau und in der modernsten Sparte, die die damalige Zeit zu bieten hatte, in der Elektrotechnik. Mitte der 1870er Jahre beschäftigte das

Metallgewerbe bereits an die 3.000 Arbeiter und Gesellen. Es existierten 20 Maschinenbaufabriken und Eisengießereien, sieben Nähmaschinenfabriken, sechs Fabriken für Dampfmaschinen, Ventilatoren und Mühlenmotoren. Doch erst danach erreichte das Frankfurter Metallgewerbe wirklich beeindruckende Dimensionen. Es umfasste im Jahre 1907 fast 27.000 Beschäftigte in 547 Betrieben, davon allein 21.000 im Bereich des Maschinen- und elektrotechnischen Apparatebaus, für die seit Mitte der 1890er Jahre sogar ein eigenes Industriegebiet im Westen der Stadt ausgewiesen worden war.

Es gibt verschiedene Gründe, warum Frankfurt neben Berlin zu einem Zentrum der elektrotechnischen Industrie avancierte. Elektrotechnik revolutionierte in den 1880er Jahren die Beleuchtung der Stadt und wenig später mit der elektrischen Straßenbahn den städtischen Verkehr. Elektrotechnik fand ebenfalls über die Elektrolyse Eingang in die chemische Industrie, die in der Frankfurter Umgebung blühte, und auch über die Kommunikationstechnologie, die für die Stadt und ihren Banken- und Handelssektor eine so wichtige Rolle spielte, kam sie mit der Elektrotechnik früh in Berührung. Die erste Telegraphenlinie Deutschlands führte 1848 von Berlin nach Frankfurt – und das aus gutem Grund, denn die Entwicklung der Telegraphie hatte für die Herausbildung des nationalen und internationalen Marktes eine herausragende Bedeutung. Die Industrialisierung von Verkehr und Kommunikation prägte die deutsche Industrialisierung viel nachhaltiger als die englische, die viel früher und mit der Textilindustrie begonnen hatte. Frankfurt entwickelte sich von den ersten Strecken ausgehend zu einem Knoten dieses Telegraphennetzes und ganz konsequent rund vier Jahrzehnte später zu einem Fernsprechknoten für die neue Telefonie.

Mertons Familie war von Anfang an dabei. Sein Schwiegervater, der Bankier Emil Ladenburg, hatte sich 1880 beim

Moderne Industrieunternehmen in Frankfurt um 1900. Hartmann & Braun, Gesamtansicht mit projektiertem Verwaltungsgebäude 1909.

Magistrat um eine Konzession für die Einrichtung eines öffentlichen Telefonnetzes bemüht. Er spürte das Geschäft, denn rasch hatte sich die Telefonie, an der sich anfangs vor allem Fabriken, große Warenhäuser und Banken beteiligten, in Frankfurt ausgebreitet. Die Ladenburgs kamen nicht zum Zuge. Ihr Antrag scheiterte am Monopolanspruch der Post, den das Reich sowohl für die Telegraphie als auch für den Fernsprechverkehr durchsetzte. Der Beginn der Telefonie in Frankfurt fiel auf den 1. August 1880, und er lag fest in staatlicher Hand – und blieb es auch. Das Frankfurter Telegraphenamt wickelte bald den gesamten Verkehr zwischen Nord- und Süddeutschland ab. Mehr als 150 Linien liefen um die Jahrhundertwende in Frankfurt zusammen und verbanden die Stadt mit 70 anderen Städten des In- und Auslandes, darunter Zentren wie London, Paris, Amsterdam, Rom, Wien oder Prag. In kurzer Zeit war also ein europäisches Netz entstanden.

Beleuchtung, Verkehr und Kommunikation erforderten rasch wachsende Mengen an elektrischem Strom, und das warf die Frage der kommunalen Energieversorgung auf. Hier rückte überraschend Frankfurt in das Zentrum ganz grundsätzlicher Auseinandersetzung um die beste technologische Lösung und genau in diesem heftig umstrittenen Feld witterte Merton das Geschäft. Er war von Anfang an dabei, beteiligte sich an der Diskussion um den Bau eines kommunalen Elektrizitätswerks, die bald hohe Wellen schlug. Es entwickelte sich ein „Kampf der Großfirmen“ und der führenden Experten um den „richtigen Strom“, der zur Verfügung gestellt werden sollte, und um die Möglichkeit der Fernübertragung von Elektrizität. Mit Letzterem sollte der Bau großer Kraftwerke im Kerngebiet der Stadt vermieden werden – die Auseinandersetzung hatte also kommunalpolitische Hintergründe. Auf der Internationalen Elektrotechnischen Ausstellung von 1891 fiel mit der Fernübertragung von Lauffen am Neckar auf das Ausstellungsgelände in der Nachbarschaft des neuen Hauptbahnhofs die sogenannte „Frankfurter Systementscheidung“, die bedeutende Auswirkungen auf die weltweite Elektrifizierung hatte. Im weiteren Ausschuss der Ausstellung war neben Leopold Sonnemann, dem „Spiritus Rector“ der Ausstellung und der kommunalpolitischen Diskussion, selbstverständlich Wilhelm Merton vertreten, der die Auseinandersetzung mit größter Aufmerksamkeit begleitete und genau wusste, dass diese Entscheidung strategische Auswirkungen auf den Metallhandel haben würde. Kupfer, aber auch Blei und Zinn hießen für ihn die Zauberwörter, deren Zukunft auf der internationalen Ausstellung verhandelt wurde.

Neben Beleuchtung, Verkehr und Kommunikation spielte die Elektrotechnik eine noch viel weiter reichende Rolle. In den 1890er Jahren wurde damit begonnen, die Produktionsanlagen der Fabriken von Dampfmaschinen auf Elektromotoren

Elektromotorenproduktion in Frankfurt am Main. Hauptwerkstätte der Fabrik Elektrizitäts-Aktiengesellschaft vorm. Lahmeyer & Co. 1898.

umzustellen, und es war die Internationale Elektrotechnische Ausstellung, die demonstrierte, dass Elektromotoren bereits für zahlreiche Zwecke zur Verfügung standen. Ihre großen Vorteile gegenüber der Dampfmaschine traten unübersehbar hervor: Sie ermöglichten den Direktantrieb der Werkzeugmaschinen. Zudem waren sie auch in Kleinbetrieben einsetzbar, weil sie in der Anschaffung und Unterhaltung wesentlich weniger Kapital erforderten als Dampfmaschinen. Frankfurt als Kommunikationszentrum und Frankfurts innovativer Umgang mit der neuen Technologie führten dazu, dass sich in der Stadt zahlreiche Elektrofirmen niederließen und der Industrialisierung der Stadt ihre spezifische Note gaben. Zu nennen sind hier Siemens & Halske, die Helios AG, Lahmeyer & Co.,

Hartmann & Braun, Voigt & Haeffner sowie Brown, Boveri & Cie. Als weitere Firmen zählten zu diesem Bereich auch die Chemisch-Elektrische Fabrik Prometheus, der Lampen- und Armaturenproduzent G. Schanzenbach & Co., im Schalterbau Staudt & Voigt sowie wegen der Elektrolyse die Chemische Fabrik Griesheim und die Akkumulatorenfabrik. Nur in diesem Bereich und im Maschinenbau lassen sich in Frankfurt wirklich große und bedeutende Fabriken ausfindig machen.

Die lang anhaltende wirtschaftliche Prosperität, die von dem fortschreitenden Industrialisierungsprozess getragen wurde, veränderten die Wirtschaft und Gesellschaft Frankfurts grundlegend – und zwar viel vehementer und tiefgehender als in den Jahrzehnten zuvor. Mit diesem Wandel hungerte die Stadt und über die Stadt hinaus das gesamte Kaiserreich, das bei Gründung der Metallgesellschaft in die Phase der Hochindustrialisierung eintrat, immer mehr nach industriellen Rohstoffen – vor allem nach Metallen. Mehr noch, durch die spezifische Bedeutung der Elektrotechnik und der Chemie gewannen gerade die Nichteisenmetalle an Bedeutung – allen voran das Kupfer. Kupfer wurde für die Leitungen der Kommunikationsnetze wie der Stromversorgung benötigt, für Schaltanlagen, für Motoren und Transformatoren. Mit der rasant steigenden Nachfrage nach Kupfer schlug die Stunde der Mertons, die sich ihrer englischen Wurzeln besannen; denn London spielte zu jener Zeit für den englischen wie für den weltweiten Kupfer- und Zinkhandel aus Übersee die führende Rolle. Aus gutem Grund hatte die Familie deshalb dort früh ein zweites Standbein geplant. Die Voraussetzungen dafür waren gegeben. Bereits im Jahre 1860, wenige Jahre nach der Namenskonversion, die den englischen Ursprung der Familie festschrieb, hatte die Familie den ältesten Bruder von William, Henry Merton, nach London geschickt, damit er dort eine Metallhandlung aus der Taufe hob. Das glückte, und bis 1862 hatte sich Henry als „General Merchant“ etabliert. Doch der Gründer von Henry R. Merton & Co. starb früh und Williams Brüder Zachary und Emil mussten das Unternehmen fortführen. Im Zuge der Sanierung der Metallhandlung Philipp A. Cohen im Jahre 1873 schloss William schließlich ein Abkommen mit der Londoner Firma, also mit seinen beiden Brüdern, bei dem es neben Importen von Metallen aus England um eine strategische Partnerschaft beider Firmen ging. Durch das Abkommen sollten, wie sich Wilhelm Merton später erinnerte, „*die Gewinne beider Firmen alljährlich zusammengeworfen*“ und dann „*unter die Associées pro rata ihrer Beteiligung verteilt*“ werden. (Zit. n. Achinger, Wilhelm Merton, 27) Die Kooperation erwies sich als sehr fruchtbar, denn Henry R. Merton stieg zu einer der bedeutendsten Metallhandlungen Englands auf. Sie pflegte neben der Zusammenarbeit mit der Metallgesellschaft im Übrigen auch eine enge Verbindung zur Deutschen Gold- und Silberscheideanstalt (Degussa, heute Evonik). Das hatte Tradition, denn die Mertons standen seit langem in einem engen Kontakt zu Heinrich Roessler, dem früheren Frankfurter „Münzwardein“, also dem Direktor der Frankfurter Münze, und der hatte bei der Liquidation von Philipp A. Cohen das Edelmetallgeschäft übernommen.

In der Krisenzeit 1876 begann dann der von den Mertons organisierte Import von Kupfer aus dem walisischen Swansea nach Deutschland. Die Stadt, bald „Copperopolis“ genannt, und die umliegende Region waren am Ende des 18. Jahrhunderts zu einem der wichtigsten Industriezentren Englands aufgestiegen. Für mehr als anderthalb Jahrhunderte wuchsen Fabriken empor, um auch die Abfallprodukte wie Arsen, Zink und Zinn zu verarbeiten. Von dort bezogen die Mertons also eines der wichtigsten Metalle der „zweiten Industrialisierung“ und für die sich rasch entwickelnde Frankfurter Elektroindustrie.

Abnehmer in Frankfurt waren die von der Metallgesellschaft ausgebauten Heddernheimer Kupferwerke der Gebrüder Hesse. Die Kupferwerke gingen aus einem Kupferhammerwerk hervor, das 1853 von der Firma F. A. Hesse in Olpe/Westfalen aufgekauft worden war. Aber das Unternehmen kam nicht so recht in Schwung. Erfolg brachte erst die Kooperation mit der Metallgesellschaft. Sein Eingreifen hielt Wilhelm Merton folgendermaßen fest: „*Die Kupferfabrikation, die wir in der Hauptsache in der Weise betrieben, dass wir für unsere Rechnung kleine Werksbesitzer in Oberursel, aus denen nie Fabrikanten zu machen waren, im Lohn beschäftigten, gab ich auf und führte durch Gründung eines Konsortiums unter Beteiligung von Bankiers einen Vertrag zwecks Uebernahme des commissionsweisen Einkaufs und finanzieller Consolidierung der F. A. Hesseschen Kupferwerke in Heddernheim und Olpe mit dieser Firma herbei, ein Verhältnis, das später durch die unter meiner Mitwirkung gegründete Aktien-Gesellschaft in veränderter Form fortgeführt wurde.*“ (Zit. n. Achinger, Wilhelm Merton, 46)

Durch die Zusammenarbeit und durch die Übernahme des Verkaufs der Duisburger Kupferhütte erlangte die Metallgesellschaft eine mächtige Stellung auf dem deutschen Kupfermarkt. Auch das Heddernheimer Kupferwerk profitierte von der engen Anbindung an die Metallgesellschaft. Bis zu Beginn der 1890er Jahre hatte sich die Kupferproduktion des Werkes gegenüber 1853 verfünfzigfacht und stieg bis 1897 auf 6.000 Tonnen Kupferfabrikate an. Dazu nahm das Werk nach 1891 die Herstellung von Bronzedraht für Telegraphie und Telefonie auf. Der Trend der Zeit hatte die Heddernheimer Kupferwerke emporgetragen und mit dem Werk die Metallgesellschaft.

Frankfurt lag mit der Metallgesellschaft und den Heddernheimer Kupferwerken also direkt im Trend der Zeit.

Aber weder der Standort der Metallgesellschaft und seine unmittelbare Umgebung noch die Nation waren das Spielfeld, das sich William Merton ausgewählt hatte, sondern nichts weniger als die Welt – und das passte zum damaligen Zeitgeist. Merton konnte sich bei seinen Expansionsplänen auf eine sich weltweit ausbreitende Infrastruktur stützen. Er nutzte die großen Weltnetze, die auf dem Feld des Verkehrs, der Logistik und der Kommunikation in den Jahrzehnten nach 1850 entstanden waren – und zwar angefangen bei den Eisenbahnen über die moderne Dampfschifffahrt bis hin zur Telegraphie. Um 1890 umfasste das Eisenbahnnetz in Europa rund 224.000 Kilometer. Die Frachtverkehrsleistung stieg von 1850 bis 1913 von jährlich 302 auf 61.744 Tonnen für jeden Kilometer. Die Kosten sanken und damit sank der Anteil der Transportkosten an den Preisen und mit der weltweiten Verknüpfung der Transportketten dehnten sich die Räume aus, die Händler und Fabrikanten für die Produktion und Distribution ihrer Produkte einbeziehen konnten. Der Getreidehandel hatte den Vorreiter gespielt und bewirkt, dass die Frachtkosten zwischen Odessa, New York und Liverpool zwischen 1852 und 1913 auf ein Drittel sanken. Wer Getreide in großen Mengen um die ganze Welt befördern konnte, der konnte auch Erze und Metalle global austauschen. Nicht nur die Kostenentwicklung und Kapazitätserweiterungen der Dampferlinien und Eisenbahnnetze sprachen zudem für einen Welthandel mit Metallen, sondern auch radikal kürzere Kommunikationszeiten. Sie schufen die Voraussetzung, die Transportkapazitäten international zu vernetzen.

Mehr noch, im Laufe des 19. Jahrhunderts ging Europa dazu über, nicht nur seine Produkte zu verkaufen, sondern auch den Prozess der industriellen Revolution selbst: Seine wachsenden Exporte von Dampfmaschinen, Bergbau-Ausrüstung, Textil- und Werkzeugmaschinen, Stahlwerken, Eisenbahnen, Schiffen, Rüstungsgütern und von Industriechemikalien trugen dazu bei, die industrielle Revolution auf andere Kontinente zu übertragen. Das war die eigentliche Geburt der Weltwirtschaft – nach ihren vergleichsweise schwachen Anfängen in der weltweiten Anlage von Plantagen, die mit Sklaven bewirtschaftet worden waren.

Sprunghaft stieg damit nicht nur in Europa und den USA, sondern weltweit die Nachfrage nach Metallen und Erzen aller Art. Genau dieses „weite Feld" der Welt hatte sich William Merton für seine unternehmerische Betätigung ausgesucht und in kurzer Zeit einen Konzern aufgebaut, der im Kaiserreich im Handel mit Kupfer, Zink, Zinn, Quecksilber, Antimon, Aluminium und Blei sowie in Edelmetallen seinesgleichen suchte. Er stand in Bezug auf Internationalität und seine zahlreichen Kooperationen und Beteiligungen mit und an ausländischen Unternehmungen unter allen deutschen Wirtschaftszweigen hinter der Elektroindustrie an zweiter Stelle.

Es gab aber noch etwas in Frankfurt, was Mertons weltweite Ambitionen beflügelte. Er folgte einer ganzen Generation von Frankfurter Bankiers, die die Stadt bereits vor Gründung der Metallgesellschaft eng mit dem transatlantischen Raum verknüpft hatten. Es waren Frankfurter Bankhäuser, die den Amerikanischen Bürgerkrieg auf Seiten der Nordstaaten finanziell unterstützt hatten. Dem Handel mit Staatsanleihen folgten die noch lukrativeren Investitionen in den amerikanischen Eisenbahnbau, dem am Ende größten Eisenbahnnetz der Welt. Man kann in diesem Zusammenhang die Namen Wilhelm Bonn, Henry Budge, Jacob Schiff und Charles Hallgarten nennen. Sie gründeten oder führten eine ganze Reihe von Bankunternehmen wie Budge, Schiff & Co., Frank &

Gans, Kuhn, Loeb & Co., L. Hallgarten & Co., Lazard Speyer-Ellissen, Ruette & Bonn oder Speyer & Co. Diese Bankhäuser setzten sich auf dem hart umkämpften Feld des amerikanischen Eisenbahnbaus und der Eisenbahnfinanzierung gegen die britischen und holländischen Investoren sowie gegen die Riege der amerikanischen Tycoons wie Jay Gould, Cornelius Vanderbilt oder John Pierpont Morgan durch, finanzierten die großen transkontinentalen Strecken und beeinflussten lange Zeit Eisenbahngesellschaften. Sie kamen auf diese Weise zu großem Reichtum und Vermögen und wiesen von Frankfurt aus den Weg hinaus in die Welt. In ihre Fußstapfen trat Merton und hat sie in ihren weltweiten Ambitionen bald ein- und dann überholt. Er folgte ihnen, aber auf seine Weise – nicht mit Eisenbahninvestitionen im transatlantischen Raum, sondern mit dem Handel von Nichteisenmetallen für den weltweit in die Tiefe gehenden Industrialisierungsprozess mit seinem schnell wachsenden Bedarf an Kupfer, Blei, Zinn, Zink und so weiter. Genau in diese Lücke stieß die Metallgesellschaft zusammen mit einem zweiten Frankfurter Unternehmen, der Firma Beer, Sondheimer & Co., die von einem ehemaligen Prokuristen Philipp Abraham Cohens gegründet worden war, zur Spitze des deutschen Metallhandels vor. Sie setzte nach diesem Erfolg ihren Aufstieg zusammen mit der assoziierten Firma Henry R. Merton mit der Erschließung der überseeischen Erzvorräte in Nord-, Mittel- und Südamerika, Afrika und Australien, dem Aufbau eines überseeischen Netzes von Handelsvertretern und Kapitalbeteiligungen an überseeischen Gruben, Hütten und Raffinerien auf der ganzen Welt fort. Dazu kamen Beteiligungen an und langfristige Absatzverträge mit den metallverbrauchenden Betrieben in Deutschland und bald hieß es in der zeitgenössischen Literatur: „*Der Frankfurter Metallhandel, (...), umfaßt also mit seinen Unternehmungen, namentlich denen des Merton-Konzerns, tat-*

sächlich die ganze Welt. Er spielt aber auch im Wirtschaftsleben der Nation eine sehr große Rolle. Denn er versorgt einige unserer wichtigsten und wertvollsten Industrien mit ihren Rohstoffen, die zum größten Teil nur aus dem Ausland zu beziehen sind und zu deren Beschaffung ein kapitalkräftiger Großhandel unerlässlich ist. Vielfach handelt es sich dabei um Rohstoffe, bei denen manchmal eine gewisse Knappheit in der Versorgung einzutreten pflegt." (Liefmann, Organisation, 122)

III. Sein Feld war die Welt: Der „Global Player“ und sein „Trust“

Ralph Mertons Nachkommen, besonders seine Söhne Henry, Zachary und William wie auch seine Enkel Alfred, Walter und Richard Merton, bauten die 1881 in die „Metallgesellschaft AG“ umgegründete Metallhandlung zu einem international operierenden auf dem Metallmarkt führenden Konzern aus. Am Anfang hatte der Sprung nach London gestanden. Der ermöglichte es William Merton, schon einmal an zwei Standorten gleichzeitig präsent zu sein. Natürlich konnte er zusätzlich auf ein Netz von Vertretern in verschiedenen europäischen Ländern zurückgreifen, das bereits von der Metallhandlung Philipp Abraham Cohens aufgebaut worden war. Es erstreckte sich über mehr als ein Dutzend Städte in Deutschland und Europa. Darunter befanden sich Berlin, Paris, Lille, Amsterdam, Mailand, Stockholm sowie Petersburg und Moskau.

Schritt für Schritt entstand daraus ein weitgespanntes Netz von Tochterfirmen und ausländischen Beteiligungen. Der immer komplexer werdende Konzern band nach und nach Metallhandel, Hüttenindustrie, Bergbau und Metallverarbeitung sowie die Vermarktung von technischen Innovationen in all diesen Gebieten zusammen. Unter William Merton trieb die Metallgesellschaft die Erschließung überseeischer Erzlagerstätten voran und reagierte auf die insbesondere von den Unternehmen der zweiten Industrialisierung befeuerte rapide steigende Nachfrage nach Nichteisenmetallen durch die Elektro- und Chemieindustrie. Zur Verwertung der erschlossenen Erze errichtete er ein Netz von Handelsvertretungen und

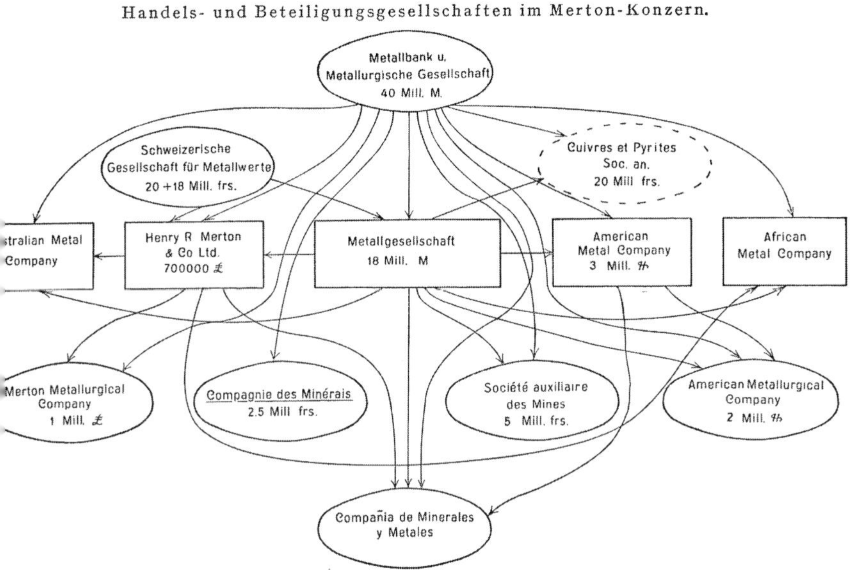

Überblick über die Metallgesellschaft – Organigramm aus dem Jahre 1913

Kapitalbeteiligungen in Nordamerika, Mexiko, Australien und Frankreich.

Im Einzelnen handelte es sich – wie die Skizze von Liefmann zeigt – um Beteiligungen an der American Metal Company und an der Metallurgical Company of America in den USA, der Compagnie des Minérais in Belgien, der Société Auxiliaire des Mines, der Société des Cuivres et Pyrites und der Société Aluminium Français, einer trustartigen Vereinigung der französischen Aluminiumproduzenten. Alle drei hatten ihren Sitz in Paris. Dazu kamen die Compañia de Minerales y Metales in Mexiko, die African Metal Comp., die ihren Sitz in London hatte, und der Australian Metal Comp. in Melbourne. Mit diesen Beteiligungen an Unternehmen, die oftmals von der Metallgesellschaft mitbegründet worden waren

Zinkhütte Langeloth bei Pittsburg, Pennsylvania. Das Foto der Baustelle wurde am 17. Juni 1914 aufgenommen, also kurz vor dem Ausbruch des Ersten Weltkriegs.

und die sich ihrerseits in den jeweiligen nationalen Wirtschaftsstrukturen verflochten, errang die Metallgesellschaft eine bedeutende Marktmacht. Der Weg dorthin ging über viele Stationen.

Die Metallgesellschaft hatte die enge Zusammenarbeit mit Henry R. Merton in London von der Handlung Philipp A. Cohens geerbt und wagte kurz nach der Gründung bereits den Sprung nach Amerika. Dabei half die Bank Ladenburg, Thalmann & Co. in New York, die aus der 1873 von dem Amerikaner Ernst Thalmann begründeten Bank Limburger & Thalmann hervorging, nachdem 1876 Adolph Ladenburg, der aus der Familie von Wilhelm Mertons zukünftiger Frau stammte, beigetreten war. 1879 bezahlte Ernst Thalmann über 13.550 Dollar für eine Mitgliedschaft an der New York Stock

Exchange. Von da an begann über Eisenbahnfinanzierungen der unaufhaltsame Aufstieg des Unternehmens, das am Beginn des 20. Jahrhunderts Geschäftspartner wie Gerson von Bleichröder oder Benjamin Seymour Guinness verzeichnete. Zu seinen Geschäftspartnern gehörte auch sehr früh William Merton, der – als sich abzeichnete, dass die Kupfergruben in Swansea bald erschöpft sein würden – zusammen mit Ladenburg and Thalmann die American Metal Company ins Leben rief. Die Geschäfte liefen von Anfang an sehr gut. Auch wenn Merton im Nachhinein meinte, sie hätten noch besser laufen können, wenn die Amerikaner klüger gehandelt hätten.

Die American Metal Company wiederum kontrollierte die Ohio & Colorado Smelting & Refining Co., die sich am Betrieb einer Schmelzhütte für Gold, Silber, Kupfer und Blei in Salida, Colorado beteiligte. Ferner gehörte ihr die Bartlesville Zinc Co. und die Laugon Star Smelting Co., die beide ihren Sitz in Bartlesville in Oklahoma hatten. Die American Metal Company besaß außerdem den größten Teil des Kapitals der Metallurgical Company of America und war wie die Metallgesellschaft auch an der Compañia de Minerales y Metales in Mexiko beteiligt. Das ging so lange gut, bis sich amerikanische Konzerne zusammenschlossen und Maßnahmen gegen den zu starken Einfluss der American Metal Company und damit der Metallgesellschaft ergriffen. Sie gründeten die Amalgamated Co. und die Exploration Co. Merton hatte die Entwicklung damals sehr genau beobachtet und befürchtete, dass die für ihn wichtigen Bezugsquellen der American Metal Company verringert, wenn nicht ganz abgeschnitten werden könnten. Er zog daraus den Schluss, dass die Metallgesellschaft trotz ihres Eigengewichts immer mit noch größeren Konkurrenten zu rechnen hatte. Die American Metal Company konnte sich behaupten und bildete wiederum den Ausgangspunkt für die

Geschäfte in Mexiko, die zur Gründung der Compañia de Minerales y Metales führte. Über die Aktivitäten dort äußerte sich Merton nicht ohne Stolz: „*Wir hatten durch Henry R. Merton & Co. eine mexikanische Verbindung, die sich speciell mit dem Export von Silbererz befasste und die den Verkehr mit uns auszudehnen wünschte.*" (Zit. n. Achinger, Wilhelm Merton, 49)

Die Metallgesellschaft beteiligte sich 1889 zusammen mit der American Metal Company an der Compañia de Minerales y Metales. Das Interessante an dieser Neugründung waren Erzkontrakte mit einer Reihe von Silber- und Goldgruben und die Lieferung von mexikanischem Werkblei für die Hütten im belgischen Hoboken und dem amerikanischen Balbach bei Newark im Bundesstaat New Jersey. Der Standort Hoboken wiederum hatte für Merton eine strategische Bedeutung. Hier arbeitete er auf das Engste mit der Frankfurter Degussa zusammen und bestückte zu diesem Zweck den Aufsichtsrat, dem er natürlich auch selbst angehörte, mit Männern seines Vertrauens aus der Frankfurter Wirtschaft. Im Einzelnen handelte es sich um Heinrich Roessler, Hugo Andreae und Zachary Hochschild. Die Kooperation spielte in seinen Überlegungen eine zentrale Rolle. „*Ich beteiligte mich persönlich an dem von der Scheideanstalt in Mazarron gegründeten Silberblei-Schmelzwerk und führte die gemeinsame Gründung der Usine de Désargentation in Hoboken bei Antwerpen zur Entsilberung des Mazarroner Silberbleies herbei, wodurch wir eine hervorragende Stellung in der Bleiindustrie und im Bleihandel Europas gewannen.*" (Zit. n. Däbritz, Geschichte, 83 f.)

Der Zustrom von mexikanischem Blei nach dem belgischen Hoboken stieg sprunghaft an, als aus den Geschäften mit der Compañia de Minerales y Metales das größte Bergbau-Unternehmen der Metallgesellschaft, die „Peñoles", genauer die Compañia Minerales de Peñoles im mexikani-

Röstkonverter in Mexiko.

schen Mapimi hervorging, die sich zur größten Bleiproduzentin des Konzerns entwickelte. In dem von Merton verfassten Geschäftsbericht liest sich das so: „*Das Hauptobjekt des Unterpfands* (der Geschäfte mit der Compañia; R. R.) *waren die Minen der Peñoles Co., die damals völlig wertlos waren. (...) Dank grosser Energie (...) wurde die Mine zu einer Bonanza und hat jahrelang ausserordentlich grosse Gewinne abgeworfen. Für die American Metal Co. und die Metallgesellschaft war dies auch kaufmännisch von grossem Vorteil, denn die Produktion von Peñoles steigerte sich von Jahr zu Jahr und ging ausschliesslich durch ihre Hände.*" (Zit. n. Achinger, Wilhelm Merton, 49)

Das traf zu, weil der Rohstoff, das mexikanische Bleierz, in dem konzerneigenen belgischen Hoboken weiterverarbeitet werden konnte. Dieser rege transatlantische Austausch funktionierte bis 1913 äußerst gewinnbringend. Dann musste die

Mine aufgrund von politischen Unruhen und Aufständen stillgelegt werden. Mit dem Ausbruch des Ersten Weltkriegs rissen die Verbindungen dann vollends ab.

Über die American Metal Company erlangte der Merton-Konzern auch enge Beziehungen zur Société le Nickel in Paris, die große Nickelbergwerke in Kanada, Neu-Kaledonien und anderen Teilen der Welt besaß. An der Bedeutung des Nickel-Komplexes für den Konzern oder des Nickel-Kartells, wie es im damaligen Sprachgebrauch genannt wurde, ließ Merton keinen Zweifel: „*Ausser in Kupfer, Blei und Zink nimmt die Metallgesellschaft und überhaupt unser Concern in Nickel (..) eine hervorragende Stellung ein, indem wir fast in allen Ländern den Verkauf für die kartellierten Nickel-Produzenten besorgen. Dieses Geschäft ist darauf zurückzuführen, daß wir eines Tages ganz*

Rudolf C. Euler mit Julius Amschel und Walter H. Schmidt zu Pferd in Australien. Die Reise dauerte von 1898 bis 1902.

unerwartet den Besuch eines bedeutenden caledonischen Nickelerzproduzenten erhielten, der uns für die Errichtung einer Nickelhütte gewinnen wollte. Ich ging sofort prinzipiell auf diese Idee ein." (Zit. n. Achinger, 46)

Nachdem Merton nach seinen erfolgreichen Beziehungen zu London beziehungsweise Großbritannien auch auf dem amerikanischen Kontinent vom Norden bis nach Mittelamerika Fuß gefasst hatte, beschloss er, im Jahre 1896 zusammen mit Henry R. Merton & Co., der Degussa und der Leitung der Usine Désargentation in Hoboken eine Expedition nach Australien zu entsenden. Die Delegation bereiste zahlreiche Bergwerksdistrikte, schloss einen Abnahmevertrag für Bleikonzentrate, gründete gemeinsam mit der Deutschen Bank eine Schmelzhütte in Tasmanien und richtete für das Australiengeschäft im Sommer 1897 die Australia Metal Co. Ltd. in Melbourne ein, an der sich die Metallgesellschaft und Henry R. Merton Co. gleichermaßen beteiligten. Dazu kamen noch die Beteiligungen an einem Konsortium aus einer englischen und mexikanischen Bergwerksfirma, das amerikanische Bergwerke erschließen wollte, sowie 26 weitere Kooperationen und Beteiligungen. Dazu gehörten die Metallhütte Duisburg, die Société anonyme des Zines de la Campine und die bereits erwähnten Heddernheimer Kupferwerke. Alle diese Gesellschaften wurden überwiegend von Mitgliedern der Familie Merton geleitet. Damit war klargestellt, wo sich das Zentrum des Konzerns befand: in Deutschland, genauer in Frankfurt. Merton hatte von der Stadt am Main aus einen weltweit tätigen Konzern aufgebaut.

Die Expansion zahlte sich aus. Allein im ersten Jahrzehnt von 1881 bis 1891 konnte die Metallgesellschaft das Eigenkapital von zwei auf sechs Millionen Mark vermehren und die Dividende stieg zur Freude der Aktionäre von 9 auf 20 Pro-

Sitz der Metallgesellschaft in der Junghofstraße.

zent. Aufgrund der weltweiten Aktivitäten wurde der Stammsitz des Konzerns permanent um- und ausgebaut. Während sich das Geschäftslokal der Metallgesellschaft bis 1883 noch im alten Büro der Metallhandlung Philipp A. Cohen in der Langestraße befand, musste es bald in ein größeres Gebäude in der Junghofstraße verlegt werden. Wegen der anhaltenden Expansion wurde 1888 auch das Nachbarhaus erworben. Beide Gebäude erhielten im Jahre 1898 eine Grundsanierung. Mit dem Ausbau wurde gleich noch ein weiteres Nachbargebäude erworben. Doch auch diese zusätzlichen Räume genügten schon nach kurzer Zeit nicht mehr den Anforderungen. Immer herrschte Raumnot. Die Direktion beschränkte sich, wie ein damaliger Mitarbeiter der Metallgesellschaft in seinen persönlichen Notizen festgehalten hat, auf „*das ‚Kabinett', ein Zimmer für den Aufsichtsratsvorsitzenden, ein kleines Sitzungszimmer, ein Empfangszimmer sowie einen für Sekretariats-Zwecke die-*

nenden Raum." (Sommer, Die Metallgesellschaft, 11) Um der Enge ein Ende zu bereiten, entschied sich Wilhelm Merton 1905 für eine großzügige Lösung und gab grünes Licht für einen Neubau in der Bockenheimer Anlage, die mitten in Frankfurts Nobelviertel, dem Westend, lag und an der entlang sich bereits damals viele Banken und Versicherungen niedergelassen hatten.

Doch mit den zahlreichen Beteiligungen war der Aufbau des Konzerns noch lange nicht abgeschlossen. Es zeigte sich, dass die weltweiten Aktivitäten der Metallgesellschaft, ihre Kooperation mit ausländischen Bergwerksunternehmungen einen solchen Umfang annahmen, dass ihr Eigenkapital nicht mehr ausreichte. Sie war gezwungen, fremdes Kapital aufzunehmen, und auch aus diesem Grund etablierte sie im Jahre 1906 die Metallurgische Gesellschaft & Co. Es gab allerdings noch andere Gründe für diesen Schritt: Die Metallgesellschaft

Sitz der Metallgesellschaft in den Bockenheimer Anlage.

war zunehmend gezwungen, tiefer in das Minengeschäft, also die Erschließung der Metallerze und ihres weltweiten Handels, einzusteigen. Doch Metalle und Erze sind zweierlei Paar Schuhe. Das Erzgeschäft setzte eine ganz andere Kompetenz und genaues Wissen über die Qualität der Erze voraus, als es in der Metallgesellschaft mit ihren Schwerpunkten Metallhandel und Metallraffination vorlag. Sie war gezwungen, mineralogische und metallurgische Untersuchungslabore einzurichten. Im Australiengeschäft trat diese Notwendigkeit besonders früh hervor, weil es damals für den Handel zwischen den australischen Gruben und den europäischen Hütten zwar gute Gewinnchancen gab, das Geschäft jedoch seine Tücken hatte, die im Detail lagen und mit denen Merton Bekanntschaft schloss. „*Man mußte ganze Schiffe, vielfach noch Segelschiffe, chartern, dabei auf die Wollsaison*", also wenn von Australien aus die Schafswolle nach Europa verschifft wurde, „*Rücksicht nehmen. Neu war auch die Aufgabe, die Erze zu bemustern. Die Australier verkauften ab Hafen, die europäischen Hütten verließen sich auf ihre eigene Bemusterung*" am Zielort. „*Das dazwischen liegende Risiko mußte die Metallgesellschaft übernehmen.*" (Zit. n. Achinger, Wilhelm Merton, 52) Das war der Grund, warum sie eigene Bemusterungsagenturen in Australien und Antwerpen einrichtete. In Australien wie in Europa entstanden deshalb eigene Laboratorien, und diese sogenannte „Australien-Abteilung" bildete den Ausgangspunkt der späteren Erzabteilung im Konzern.

Daraus ging wiederum die Metallurgische Gesellschaft hervor, die später kurz Lurgi genannt wurde. Sie wurde am 5. Februar 1897 gegründet. Über ihre Ziele hieß es in einer Denkschrift Mertons, dass „*Bergbau und Metallindustrie und damit zusammenhängende Unternehmungen*" ihr Geschäftsfeld bilden sollten. Zugleich sollten „*neue Geldquellen zu günstigen*

Bedingungen“ erschlossen werden, um damit den Ausbau zu finanzieren. Über allem stand jedoch der Plan, aus der Not eine Tugend zu machen und eine neue Dienstleistung anzubieten, nämlich „*die Entwicklung metallurgischer Spezialabteilungen und Prüfungseinrichtungen*“, und zwar einerseits zur besseren Beratung der Kunden und andererseits, um sich als Konzern durch diesen „*metallurgischen Sachverstand (...) unentbehrlich zu machen*“. Merton selbst hatte von einem „*ersten Schritt zur mehr wissenschaftlichen Behandlung des Geschäfts*“ gesprochen. Er konnte sich bestätigt fühlen, als er im Abstand von einem Jahrzehnt auf diese „metallurgischen“ Anfänge zurückblickte: „*Da wir Kupfer, Blei, Zink etc. nur nach Marken geführt hatten, ohne uns Rechenschaft davon zu geben, welche Bestandteile die einzelnen Sorten hatten, und warum sie sich für den einen oder anderen Zweck eignen oder nicht eignen, richtete ich ein Laboratorium ein, um selbständige Untersuchungen zu machen und tat so den ersten Schritt zu mehr wissenschaftlicher Behandlung des Geschäfts.*“ (Zit. n. Achinger, Wilhelm Merton, 45)

Wissenschaftliche Behandlung des Geschäfts könnte man auch mit mehr Rationalität übersetzen. Die angestrebte Reform umfasste sowohl die Entwicklung technischer Verfahren als auch effektivere Arbeits- und Organisationsformen. Die Ergebnisse der wissenschaftlichen Durchdringung des Geschäfts sowie Markt- und Konjunkturanalysen ließ Merton seinen Geschäftspartnern zukommen. Er entwickelte dafür eine besondere Form, die „Metallstatistik“, die auch darüber Auskunft gab, welche Metalle in den für den Metallhandel interessanten Ländern ein- und ausgeführt, produziert und konsumiert wurden und wie sich der Transport der Erze gestaltete. Einem ganz ähnlichen Zweck diente auch die später gegründete Zentrale für das Bergwesen. Sie sollte durch Akkumulation des verfügbaren Wissens über Bergbau, also Mineralogie, Geologie, Erzlagerstättenlehre, Aufbereitungskunde, Bergmaschinenkunde und so weiter, das Geschäft auf eine wissenschaftliche Grundlage stellen und damit seine Risiken mindern. Die Gesellschaft sollte ebenfalls die Verbindung zu den Spezialisten des Faches herstellen, um bei Bedarf gezielt Expertisen einholen zu können. Das Institut sollte sich nicht bewähren; sein Auftrag war einfach zu ambitioniert.

Dennoch, mit der Lurgi, der Metallstatistik und der Zentrale trug die Metallgesellschaft dem Umstand Rechnung, dass der Handel allein nicht mehr genügte, sondern dass die Gesellschaft ein ganzes Marktsegment mit Sachkenntnis durchdringen und beherrschen musste. Die geeignete Form schien die eines vertikalen Konzerns zu sein, der alle Teile des Komplexes Metallerschließung, Metallraffination und Metallhandel in sich vereinigte, also den gesamten Prozess von der Grube über die Verhüttung bis zu den modernen Verwendungszwecken der Metalle. Während in der Metallgesellschaft das Handelsgeschäft dominierte, wurden Bergbau, Erzverhüttung, Metallraffination, der Bau industrieller Anlagen sowie Entwicklung und Vertrieb technischer Neuerungen in die Metallurgische Gesellschaft AG ausgegliedert.

Die Metallurgische Gesellschaft AG blieb eng mit der Metallgesellschaft verbunden und hatte ganz selbstverständlich ihren Sitz im Haus der Metallgesellschaft in der Bockenheimer Landstraße. Mehr noch, die Direktionsräume beider Unternehmen waren durch eine interne Wendeltreppe miteinander verbunden. Auch ein Blick auf den ersten Aufsichtsrat der Metallurgischen Gesellschaft bestätigt die enge Liaison. Er bestand aus Wilhelm Merton, der auch den Vorsitz übernahm, aus dem bewährten Vorstandsmitglied der Metallgesellschaft Leo Ellinger sowie den alten Geschäftsfreunden, dem Inhaber der Kupferhütte Ertel Bieber & Co. aus Hamburg und Julius Weber aus Duisburg. Ganz anders aber als bei der Metallgesellschaft rückten einige bedeutende Industrielle, mit denen die Metallgesellschaft enge Geschäftsverbindungen unterhielt, in die Führungsebene der neuen Gesellschaft ein. Es handelte sich dabei um den Direktor der Höchster Farbwerke Gustav von Brüning und den Generaldirektor der AEG Emil Rathenau. Als juristisches Mitglied gehörte dem Aufsichtsrat weiterhin Otto Fellner an, der auch für die Metallgesellschaft als Justiziar tätig gewesen war. Der Vorstand bestand aus Professor Curt Adolf Netto und dem Schwager Mertons, Dr. Carl Rudolf de Neufville, der 1893 seine Schwester Amalie geheiratet hatte. Über beiden Gesellschaften thronte als Generaldirektor Wilhelm Merton. Aber selbst diese herausgehobene Position erschien ihm noch nicht ausreichend, um den expandierenden Konzern zu kontrollieren. Deshalb wechselte er später auch noch in den Aufsichtsratsvorsitz der Metallgesellschaft AG.

Es ist schwer zu beurteilen, ob hinter seinem Misstrauen gegenüber dem Können und der Weitsicht seiner Mitarbeiter und Geschäftsfreunde sowie seiner Verwandten und Familienangehörigen mehr steckte als die Sorge um den Erfolg des Unternehmens. Zeigte die Kontrollwut einen tyrannischen Charakter, der anderen nicht den Raum zur Entfaltung gewährte? Die sorgfältige, manchmal kleinliche Aufsicht findet sich später noch in anderen Bereichen seines Wirkens und wurde ihm zuweilen von seinen Mitarbeitern angekreidet. Aber wie ist eine derartige Kritik zu werten? Merton hatte bereits zum Beginn der 1890er Jahre Außergewöhnliches erreicht. In diese Zeit fällt auch die Feier zum zehnjährigen Jubiläum der Metallgesellschaft. Von dieser Feier ist ein Bilddokument überliefert, das in seiner Komposition durchaus aufschlussreich ist.

Es zeigt in der für die Zeit üblichen ordentlichen Aufstellung Wilhelm Merton inmitten seiner Angestellten – 32 haben sich um ihn herum versammelt –, und zwar durchaus nicht abgesetzt und distanziert, sondern in einer etwas „verrutschten Mitte", die der vorgerückten Stunde und dem deutlich sichtbaren Bierkonsum geschuldet zu sein scheint, sitzt Merton nicht steif und konzentriert in der Mitte seiner Untergebenen, sondern für jene Zeit äußerst leger mit geöffnetem Jackett, es sich gemütlich machend, leicht zur Seite gekippt. Vor ihm stehen die halb oder auch ganz geleerten Bierhumpen von ihm und seinen Mitarbeitern. Das Bild zeigt einen Unternehmensleiter, der auch einmal fünfe gerade sein lassen kann, wenn ihm der Zeitpunkt dafür angemessen erscheint.

Die Belegschaft beim zehnjährigen Bestehen der Metallgesellschaft. In der ersten Reihe, Zweiter von rechts Wilhelm Merton, 1891.

Merton pflegte auch sonst durchaus keinen distanzierten Umgang mit seinen engsten Mitarbeitern. Hier herrschte das vertrauliche Du, was sich auch im Briefverkehr niederschlug. In Briefen an Henry Oswalt folgten nach der Anrede „Lieber Henry" auch schon einmal sehr persönliche Einschätzungen von innerfamiliären Auseinandersetzungen – aber nur, wenn sie das Geschäft betrafen. So schildert er einen Streit mit seinen Söhnen, bei dem er auf „*eine mir unerwartete grosse Gereiztheit*" gestoßen sei, und seine Kinder hätten es „*fast bis zu einem pater peccavi kommen (...) lassen*". (Schreiben W. Merton an H. Oswalt vom 8. Januar. HWA, Abt. 119, Nr. 919) Er nutzte sein enges Verhältnis zu einigen langjährigen Mitstreitern also, um sich auszusprechen, und auch, um sein Vorgehen zu rechtfertigen. Er betonte dabei, es sei sein Charakter, die Dinge geradeheraus anzugehen und der Sache wegen auf den Tisch zu bringen.

Und sonst? Nun, Merton war der Konzernlenker. Eine besondere Eigenschaft, die ihn von vielen zeitgenössischen Unternehmern unterschied, war, dass er sich früh Gedanken um die Pflege der „Human Resources" machte – und zwar durchaus in einem modernen Sinn. So unternahm er zahlreiche Anstrengungen, die Mitarbeiter für Führungspositionen – und zwar sowohl in Frankfurt wie im Ausland – aus den eigenen Reihen zu gewinnen. Er erreichte dieses Ziel auch, und so rückten in dem schnell wachsenden Konzern nach und nach eigene Leute in bedeutende Positionen auf. Dieser von Merton herangezogene Führungskreis bestand meist aus jungen Leuten. Das war allerdings zu einem Teil dem rasch wachsenden Konzern geschuldet, der gute Bedingungen für einen raschen Aufstieg schuf und die Suche nach geeigneten Mitarbeitern zu einer Daueraufgabe machte. Seine Mitarbeiter rechneten ihm dies hoch an. Julius Sommer etwa schrieb in seiner Darstellung des Unternehmens: „*Der geringe Umfang des Bureaus und des Perso-*

nals machte es möglich, daß die Chefs den kaufmännischen Nachwuchs bis zu den Lehrlingen herunter genau kennen lernten und Talente heranziehen und richtig ansetzen konnten. War doch durch das Wachsen des Hauses selbst und durch die Häufung auswärtiger Niederlassungen ein steter Personalbedarf da, so daß die während einiger Jahre ausgebildeten jungen Leute abgingen wie die warmen Semmel. Die Folge davon war, daß diese Jünglinge den Marschallstab im Tornister fühlten und sich bei Betrachtung ihrer Chefs bewußt waren, daß es nur von ihrer persönlichen Zuverlässigkeit, ihrem Fleiß und ihrer Tüchtigkeit abhing, es ebenso oder annähernd so weit zu bringen wie diese (…). Die rechtzeitige Heranbildung eines guten Nachwuchses galt W. Merton wie seinen Mitarbeitern damals und in aller Zukunft als eine der wichtigsten Aufgaben, der er sich mit Liebe unterzog." (Sommer, Die Metallgesellschaft, 23 f.)

Das war das eine, auf der anderen Seite ist überliefert, wie gering Mertons Vertrauen in schriftliche Abmachungen und Verträge war. Er denunzierte sie als juristische Konstruktionen und hielt Mitarbeitern, die sich darauf beriefen, vor: „*Wollen wir uns betrügen oder wollen wir miteinander arbeiten?*" (Zit. n. Achinger, Wilhelm Merton, 97) Einerseits hat er in der Regel wohl sein Wort gehalten und sich dabei auf die alten Kaufmannsehren berufen. Auf der anderen Seite aber ließ er sich auf diese Weise alle Entscheidungen offen. Keine fixierte Abmachung schränkte seine patriarchalische Macht ein. Dennoch, die Arbeit in der Entwicklung seiner Belegschaft zahlte sich aus. Seine Mitarbeiter blieben. Die erste Generation blieb sogar auf Dauer, und die zweite verließ das Unternehmen erst, nachdem die wirtschaftlichen Probleme infolge des Ersten Weltkriegs sie dazu zwangen. Merton entwickelte für seine Erziehungsarbeit einen regelrechten Verhaltenskodex und war der festen Überzeugung, dass eine gute Stellung seiner Mitarbeiter eine hohe Leistungsbereitschaft fördere. Zusammen mit den Chancen, die Mitarbeitern zum Aufstieg geboten wurden, und dem wachsenden Netz an sozialen Absicherungen wie etwa der Pensionskasse, bildete das einen Kitt, der das Unternehmen zusammenhielt und manche schwierige Zeit zu überbrücken half. Sommer hat dies ausdrücklich gewürdigt: „*Allgemein als mustergültig bekannt war die* M.G. *in bezug auf ihre sozialen Leistungen, entsprechend der persönlichen Einstellung ihrer Leiter. Die hohen Gratifikationen, die allerdings durch sehr erfolgreichen Geschäftsgang ermöglicht wurden, waren weithin bekannt. Regelmäßige Ferien wurden jedem Angestellten bewilligt zu einer Zeit, wo dies durchaus noch nicht allgemein gebräuchlich war. Auch die Sonntagsarbeit wurde stark eingeschränkt und schließlich abgeschafft, noch bevor die gesetzlichen Vorschriften dazu zwangen. An die Schaffung einer Pensionskasse wurde schon frühzeitig gedacht.*" (Sommer, Die Metallgesellschaft, 23 f.)

Die Stärkung der Bindungskräfte, um diesem rasch wachsenden Gebilde Dauer zu verleihen, kennzeichnet ein weiteres Bestreben Mertons. Je größer der Konzern wurde, je mehr neue Unternehmensteile hinzukamen und je schwieriger es wurde, die Übersicht zu behalten, umso mehr wuchs Mertons Wunsch nach Kontrolle. Er reagierte zum einen mit steigenden Ansprüchen an das Berichtswesen. Berichte sollten vor allem „kurz" und „schlagend" sein. Zum anderen aber zog er sich selbst immer mehr aus dem alltäglichen Geschäft zurück, entlastete sich davon, hielt sich im Hintergrund, „so gern", wie Hans Achinger, sein Biograph, schreibt, „er herrschte", und konzentrierte sich auf strategische Probleme. Die Form der Aktiengesellschaft, die er mit Bedacht gewählt hatte – obwohl es von seiner ganzen Statur und den Besitzverhältnissen her eigentlich ja immer ein Familienunternehmen blieb, da die Aktien nicht an der Börse gehandelt wurden –, erleichterte es ihm, diese Position einzunehmen, anders als ein klassisches

Familienunternehmen. Das Instrumentarium, das er für seine herausgehobene Stellung entwickelte, war das Memorandum. Er schrieb nicht wenige davon und steuerte so das wachsende Unternehmen mit seinen zahlreichen Teilen durch eine sich stürmisch entwickelnde globale Wirtschaft.

Wilhelm Merton war, das machen die bisherigen Ausführungen deutlich, über allem und vor allem ein Geschäftsmann. Der Aufbau des Konzerns in den 1880er und 1890er Jahren dürfte den größten Teil seiner Zeit und seiner Energie absorbiert haben. In einer gewaltigen Kraftanstrengung hat er die „verschlafene" Metallhandelsagentur seines Vaters in einen Weltkonzern umgeschmiedet, dessen Aufbau Anfang der 1890er Jahre noch bei weitem nicht abgeschlossen war. Die Familie stand dahinter zurück. Wie weit, ist schwer zu sagen. Aber bereits der Umstand, dass die Überlieferung hier nur wenige Indizien liefert, spricht Bände. Schon Mertons Biograph Achinger beklagte, dass sich über die Frauen der Mertonfamilie außer den Geburts- und Heiratsdaten, der Zahl und den Namen ihrer Kinder kaum etwas sagen lässt. Dies geht zu einem Teil auf die bewusste Entscheidung der Familie zurück, das Private vom Öffentlichen strikt zu trennen. Sie hat den Biographen Achinger deshalb nur mit ausgewählten Dokumenten und einer begrenzten Anzahl von Briefen versorgt, die in den Bestand der Metallgesellschaft übergingen und sich heute im Hessischen Wirtschaftsarchiv in Darmstadt befinden. Achinger hat einige davon dokumentiert. Diese Entscheidung hat weitreichende Folgen: Die Person Mertons erschließt sich in erster Linie und vor allem in ihrem Wirken im Konzern, in seinen gemeinwohlorientierten Unternehmen, seinem Einsatz für die Akademie und die Universität, seinen Zielen, die er damit verband, und der Art und Weise, wie er diese Ziele durchsetzte. Hier tritt uns der Macher, der Manager wie der Mäzen und Philanthrop in seiner ganzen Gestalt mit allen ihren Schattierungen entgegen. Der private Merton zerfällt dagegen in wenige einzelne Bruchstücke, Facetten, die sich auf kurze Momente beziehen und deren Interpretation rasch ins Spekulative abgleitet.

Was lässt sich also zum Familienoberhaupt Wilhelm Merton sagen, was zu seiner Frau und seinen Kindern? Seine Frau, Emma Merton geb. Ladenburg, hat Wilhelm Merton mehr

Emma Merton geb. Ladenburg und ihre Kinder: Alfred, Walter, Richard, Adolf und Gerta um 1895.

als 30 Jahre bis zu seinem Tod begleitet, sie hat ihn um mehr als 20 Jahre überlebt und starb erst am 13. Januar 1939 in für die Familie schwieriger Zeit. Achinger erwähnt sie in seiner voluminösen Studie dennoch nur an wenigen Stellen. Zusammen füllen die Ausführungen zu ihr nicht einmal eine Seite. Was wird erwähnt? Erstens, dass er, 29-jährig, sie 1877 im Alter von 18 Jahren heiratete. Sie wurde am 19. März 1859 geboren. Der Ehevertrag wurde deshalb nicht zwischen Merton und ihr, sondern zwischen Merton und ihrem Vater, Emil Ladenburg, geschlossen. Die beiden Männer waren zufrieden. Emma Merton brachte fünf Kinder zur Welt: vier Söhne, Alfred, Walter, Richard und Adolf, sowie als Nachzüglerin im Jahre 1895 noch eine Tochter, Gerta. Achinger erwähnt noch, dass Emma Merton an seiner Stelle an der Feier zur Eröffnung der Akademie für Sozial- und Handelswissenschaften im Jahre 1901 teilnahm, die ohne Wilhelm Merton nicht zustande gekommen wäre, und dass er mit ihr 1916 eine Stiftung zum Gedenken an ihren gefallenen Sohn Adolf ins Leben rief, deren Zweck in der Finanzierung einer Professur im pädagogischen Seminar der gerade gegründeten und ebenfalls von Merton wesentlich mitgestalteten Universität bestand. Die restlichen Hinweise zu Emma Merton reichen über kleinere Anekdoten nicht hinaus und werden von Achinger ohne Belege erzählt oder wiedergegeben. So soll Merton seiner Frau im Laufe eines Aufenthaltes in Paris das Tragen eines eleganten Huts untersagt haben. Dem Geschmack der Londoner City, also des englischen Börsenzentrums, verhaftet sei die Pariser Eleganz dem Hausvater zu mondän erschienen. Dieser Farbtupfer zur Charakterisierung von Merton und seiner Einstellung zu seiner Frau will nicht recht zu einem überlieferten Foto von beiden passen, auf dem uns Emma Merton in einem eleganten Kostüm und mit auffälligem Hut entgegenblickt, und daneben steht ein recht stolzer Merton im Sommeranzug nach gleichfalls

Wilhelm Merton und seine Frau Emma in ihrer Villa in Tremezzo 1902.

wenig britischer Mode. Genauso wenig kann die ohne Quellenbezug wiedergegebene Einschätzung überzeugen, Emma hätte in Mertons Augen als hausbacken gegolten, wenn gleichzeitig die Eleganz der Bilder in der Merton'schen Villa in der Guiollettstraße ihr zugeschrieben wird. Das alles ist eher Resultat von spekulativen Überlegungen, mit denen das Vakuum, das die Überlieferung hier hinterlassen hat, notdürftig gefüllt wurde. Erhalten hat sich allerdings eine Serie von Fotografien, die einige Augenblicke im Leben von Emma und Wilhelm Merton festhält. Neben dem bereits erwähnten Familienbild von circa 1895 und der Aufnahme im Garten ihrer Villa in Tremezzo am Comer See

Gruppenbild der Familie Merton vor der Rückseite des Hauses Wilhelm Mertons in der Guiollettstraße. 3. Reihe: Gertrud Ladenburg (?) und Wilhelm Merton, 2. Reihe: Tochter von Gertrud Ladenburg im weißen Kleid, Emily Nothwang (später Netto) und Hugo Merton, ein Vetter Wilhelm Mertons aus Bruchsal, 1. Reihe: Emma Merton (?) und Alfred Merton Anfang der 1890er Jahre.

Gruppenbild der Familie Merton vermutlich aus Anlass der silbernen Hochzeit 1902. Von links nach rechts: Wilhelm Merton, Adolf, Emma, Alfred, Richard. Im Vordergrund Walter und Gerta.

von 1902 gibt es Familienporträts aus den Jahren 1890 und 1902 sowie eine gemeinsame Aufnahme, die beide auf Dankschreiben an Gratulanten für ihre silberne Hochzeit im Jahre 1902 verschickt haben.

Die Bilder zeigen zum einen typische Familienaufstellungen, die für die Zeit sogar recht ungezwungen erscheinen.

Während auf der Aufnahme von 1890 auch Mitglieder der weiteren Verwandtschaft anwesend sind, beschränkt sich die Aufnahme von 1902, die wohl bei der Feier zur silbernen Hochzeit entstand, auf den engen Kreis von Hausvater, Ehefrau und Kindern. Sie zeigen noch etwas, nämlich wie sehr Wilhelm Merton in den zwölf Jahren, die zwischen den Bildern liegen, gealtert ist. Das Gruppenbild von 1890 präsentiert einen lachenden, ungezwungenen Wilhelm Merton in der Blüte seines Lebens. Er hatte damals die vierzig gerade überschritten und startete zu neuen Unternehmungen durch, die ihn weit in die Welt hinaustrugen. Zur gleichen Zeit begann er das Feld der Sozialpolitik zu entdecken und systematisch aufzurollen. Die Aufnahme zur Silberhochzeit aber zeigt einen Mitfünfziger, ergraut in Haar und Bart, und vor allem einen sicher nicht ganz freiwillig neben der Familie sitzenden Merton. Die Akademiegründung lag hinter ihm. Um die Gesundheit stand es nicht zum Besten. Das Bild der Emma Merton hätte ebenfalls auf beiden Fotografien nicht unterschiedlicher sein können. Auf der Aufnahme von 1890 sitzt eine junge Frau, die gerade die dreißig überschritten hatte, in einem die Figur betonenden engen Kleid auf der Treppe. Neben ihr einer ihrer Söhne, der zwölfjährige Alfred Merton. Ein dutzend Jahre später blickt sie uns ernst in schlichtem schwarzem Kleid entgegen. Der einzige Schmuck ist eine deutlich hervortretende Perlenkette. Hinter ihr stehen die drei erwachsenen Söhne, davon zwei, Walter und Richard, in Uniform. Im Vordergrund sind der jugendliche Adolf, damals 16 Jahre, und als Nachzüglerin das Mädchen Gerta, damals gerade sieben Jahre, platziert.

Insbesondere die Aufnahme von 1890 dokumentiert, wie sich in der Frankfurter Villa die weitläufige Familie zusammenfand und vertrauter Umgang und Geselligkeit gepflegt wurden. Diese Vertrautheit tritt auch in den wenigen erhaltenen Briefen entgegen, wenn Emma Merton ihren Wilhelm mit „*Lieber Schatz*" anredet und mit „*Deine Olle*" unterschreibt. Das Bild liefert einen Blick durch das Schlüsselloch und zeigt, was auch von anderen überliefert ist. Wilhelm und Emma Merton hielten ein offenes Haus, und dies war nur mit Emma möglich. In der Merton'schen Villa in der Guiollettstraße, mitten im Westend gelegen, traf sich die weitverzweigte Familie, aber natürlich nicht nur sie. Die Mertons gaben wie alle großbürgerlichen Haushalte Gesellschaften. Hier wurden die eingeladen, die mit Wilhelm Merton in geschäftlichen Angelegenheiten zu tun hatten. Hier fand er sich aber auch mit den Dozenten und Teilnehmern aus Kursen der Akademie und seiner sozialen Institute zusammen, von denen noch zu sprechen sein wird.

Die Familie besaß nicht nur das Haus in der Guiollettstraße, sie hatte sich noch einen weiteren Rückzugsort geschaffen – und zwar schwerer erreichbar für die Frankfurter Verwandtschaft, für Geschäftsfreunde und all die vielen, mit denen Merton in Frankfurt zu tun hatte. Die Villa lag in Tremezzo am Comer See und war von einem prächtigen Garten umgeben, der auf dem letzten Bild zu sehen ist. Merton hatte diesen Ort gewählt, um über grundsätzliche Probleme und über strategische Entscheidungen nachzudenken. Hier zog er sich zurück, wenn er schwierige Memoranden zu verfassen hatte wie die Zusammenfassung der Erträge und Erfahrungen aus seiner weitläufigen unternehmerischen Tätigkeit aus dem Jahre 1907, die auch als wirtschaftliches Testament aufgefasst werden kann. Sie war in Form eines Schreibens an Henry Oswalt gerichtet, adressierte jedoch eigentlich die nachfolgende Generation, die das Steuer der Metallgesellschaft übernehmen sollte. Er habe so ausführlich berichtet, das Memorandum ist fast 50 Seiten lang, damit sich „*meine Söhne und die Geschäftsführer der Fiduziargesellschaft, die an meiner Stelle Ein-*

fluss auf unsere Unternehmungen auszuüben haben werden, leichter in ihre Aufgabe finden können. Gerade weil sie an meiner Stelle zu wirken haben werden, habe ich meine Einflussnahme auf die Ausgestaltung unserer Unternehmungen, soweit mir dies notwendig erschien, beleuchtet.“ (Schreiben W. Merton an H. Oswalt vom 21. Januar 1907, p. 46. HWA, Abt. 119, Nr. 919)

Noch weniger als zu seiner Frau ist über Mertons Verhältnis zu seinen Kindern überliefert. Ein oder zwei Briefe zeugen von der Bewunderung der Heranwachsenden für das Werk ihres Vaters. Es heißt weiterhin, er habe die Jüngste, Gerta, gerne mit nach Tremezzo genommen, und der früh verstorbene Adolf Merton wurde Dölfchen gerufen. Aber was bedeutet das? Belegt ist, dass er auf die Ausbildung seiner Söhne zu tüchtigen Kaufleuten achtete, eine Ausbildung, von der Adolf nichts wissen wollte und ein Kunststudium begann. Auch Walter schied vorzeitig aus dem Unternehmen aus, zog sich auf ein Gut zurück und siedelte – weitsichtig die politische Entwicklung in Deutschland einschätzend – 1933 in die USA über. Alfred und Richard aber nahmen das Erbe des Vaters an. Insbesondere Richard machte eine beeindruckende Karriere unter dramatischen Zeitumständen. Er studierte Jura und Kameralistik und trat 1902 in die Berg- und Metallbank ein. Das führte ihn auf weiten Reisen in die ausländischen Zweigbetriebe des Konzerns. Von 1907 bis 1911 gehörte er dem Aufsichtsrat an, dann ab 1911 dem Vorstand der Metallgesellschaft, 1913 war er schließlich Aufsichtsratsmitglied der Metallgesellschaft wie der Metallurgischen Gesellschaft, deren Vorsitzender er dann im Kriege wurde. Zugleich kam er damals seinen Militärverpflichtungen nach, war Frontoffizier und Adjutant in Militärverwaltungsstellen. Aufmerksamkeit erregte sein Eintreten für eine konsequente Burgfriedenspolitik im Reich und die Zusammenarbeit mit den Gewerkschaften sowie eine Zwangsbewirtschaftung der wirtschaftlichen Ressourcen, insbesondere der Lebensmittel, und eine Beschneidung der unternehmerischen Kriegsgewinne. Richard Merton gehörte der deutschen Friedensdelegation in Versailles an, zog sich danach enttäuscht aus der Reichspolitik zurück, warb jedoch in einer ausgedehnten internationalen Korrespondenz um Verständnis für die deutsche Position und wies darauf hin, welche dramatischen negativen Folgen der Vertrag für die wirtschaftliche Lage Deutschlands hatte. Zusammen mit seinem Bruder Alfred baute er die Metallgesellschaft nach dem Krieg faktisch neu auf.

Da ihm die Söhne im Geschäft nachfolgten, finden sich ein paar Hinweise, wie Merton mit seinen Erben im Streit um die weitere Entwicklung des Unternehmens umging. Er behandelte sie nicht sonderlich anders als seine angestellten Führungskräfte und bewertete ihr unternehmerisches Handeln streng an den Erfordernissen des Konzerns. Das eskalierte dann auch schon einmal in einem grundsätzlichen Konflikt, bei dem Merton alle Register zog. In einem Brief an Henry Oswalt bekannte er sich zu einer „*Philippika*" und erklärte: „*Ich habe mich dieser unangenehmen Aufgabe damals in Abwesenheit meiner Söhne unterzogen, weil es im Interesse der Erhaltung bezw. Wiedergewinnung unserer geschäftlichen und moralischen Qualitäten für unbedingt notwendig hielt.*" (Schreiben W. Merton an H. Oswalt vom 8. Januar 1907. HWA, Abt. 119, Nr. 919)

Von diesem Konflikt wird noch zu sprechen sein. Es ging dabei in der Tat um grundsätzliche Fragen, mit schweren Folgen für das Unternehmen, so dass man ihn deshalb nicht einfach als herrschsüchtigen Tyrannen abstempeln kann. Aber es wird dabei ebenfalls noch einmal deutlich: Merton war ein Vollblutunternehmer und über allem stand die Metallgesellschaft. Das Private hatte sich dem unterzuordnen. Die vorhandenen Informationsbruchstücke tragen weder eine Charakterisierung seiner Person als eines herrschsüchtigen Patrons noch als „Paterfamilias", der sich in Pantoffeln rührend um die Seinen kümmerte. Das nicht untypische Bild des erfolgreichen Managers, dem zu Hause von der Frau der Rücken frei gehalten wird, dürfte das Verhältnis von Wilhelm Merton zu Frau und Kindern am besten treffen. Das ist nicht sonderlich spektakulär, aber aufsehenerregend war nicht sein Privatleben, sondern sein wirtschaftliches und öffentliches Wirken, wobei er offizielle Anlässe und Feiern scheute und sich ihnen unter allerlei Vorwänden entzog.

Um 1890 hatte er sich in geschäftlicher und privater Hinsicht etabliert und stand vor der entscheidenden Phase im Durchbruch zum „Global Player" und Philanthropen, der das Frankfurter Netzwerk der sozialpolitischen Einrichtungen vollständig umbaute. Diese Zäsur kennzeichnet die Gründung der Metallurgischen Gesellschaft. Die Metallurgische Gesellschaft startete mit einem Anfangskapital von sechs Millionen Mark und holte sich weitere drei Millionen Mark über den Verkauf von Obligationen an der Börse. Die neue Firma wurde von der Metallgesellschaft mit Aktien aus heimischen und weltweiten Unternehmensbeteiligungen wie etwa den Rheinisch-Westfälischen Kupferwerken in Olpe, dem Heddernheimer Kupferwerk, von William Foster & Co. Ltd. und Pascoe Grenfell & Sons in Swansea, der Usine de Désargentation in Hoboken, der Société de la Campinein, der American Metal Co. Ltd. in den USA, der Compañia de Minerales y Metales und der Compañia Peñoles in Mexiko sowie der Société Usines Mouchel in Paris und sechs weiteren Beteiligungen an kleineren Unternehmungen ausgestattet – alles in allem eine kleine Demonstration des internationalen Charakters des Unternehmens. Da sie auch Aktien der Metallgesellschaft erhielt, war sie mit dem Gesamtkonzern auf das Engste verflochten.

Die Metallgesellschaft gründete mit Hilfe der Disconto-Gesellschaft und des familiär mit den Mertons verbundenen Bankhauses Emil Ladenburg noch die Duisburger Zinkhütte und 1907 als Produktionsstätte für Elektrolytkupfer die Norddeutsche Affinerie in Hamburg. Außerdem widmete sie sich mehr und mehr den Produktionsprozessen der chemischen Großindustrie wie dem Ofenbaugeschäft oder den Anlagen für Schwefelsäureerzeugung und der Erschließung von Erzlagerstätten im Südwesten Afrikas wie den Otavi-Erzen oder der Kupferproduktion von Katanga in der damaligen belgischen Kolonie „Kongo-Freistaat". Ja, mehr noch, in allen wichtigen Erzgrubengebieten der Welt wurden Vertretungen errichtet und ausgebaut. Dazu kam das traditionelle Geschäft, also die Entwicklung von Verfahren und technischen Lösungen im Bergbau, der statistische Dienst über die weltweiten Wege der

Norddeutsche Affinerie, Produktionsstätte der Metallgesellschaft für Elektrolytkupfer.

Metalle, also Ein- und Ausfuhr wie Konsum von Blei, Kupfer, Zink, Zinn und vielen anderen Metallen. Das ging so weit, dass Zeitgenossen behaupteten, aufgrund ihrer Größe und ihrer Aufgabenfelder würde nun die Metallurgische Gesellschaft statt der Metallgesellschaft an der Spitze des Konzerns stehen. Merton hat dieser Behauptung immer widersprochen. Für ihn bildete das Geschäft der Metallgesellschaft immer das Dach und damit die große Klammer des Unternehmens, die den Konzern zusammenhielt.

Doch selbst mit dem Aufbau der Metallurgischen Gesellschaft war der Konzernaufbau noch nicht abgeschlossen. Im Jahre 1906 gründete die Metallgesellschaft zusammen mit der Metallurgischen Gesellschaft, der Degussa, der Darmstädter Bank, der Berliner Handels-Gesellschaft, der Diskontogesellschaft sowie einigen Frankfurter Privatbankiers – wie den Bankhäusern Grunelius, Georg Hauck & Sohn, Emil Ladenburg, Lazard Speyer-Ellissen, Jacob S. H. Stern und Ertel, Bieber & Co. – die Berg- und Metallbank AG. Sie war in erster Linie für die Abwicklung von Finanzgeschäften und als weiteres Finanzierungsinstrument des Gesamtkonzerns vorgesehen und wurde mit einem Anfangskapital in Höhe von 40 Millionen Mark ausgestattet, von denen 28 Millionen durch den Verkauf von Aktien an der Börse erzielt wurden. Die bedeutende Steigerung des Eigenkapitals dieser Tochter, die das Eigenkapital der Muttergesellschaft gleich um das Zwanzigfache übertraf, ist ein deutliches Zeichen dafür, wie sehr der Konzern sich unter der straffen Führung Wilhelm Mertons in einem Vierteljahrhundert entwickelt hatte. Der Geschäftszweck war klar umrissen. Die Berg- und Metallbank sollte die Bergwerks- und Hüttenindustrie mit Bank- und Finanzgeschäften aller Art bedienen. Noch genauer gibt ein Memorandum Auskunft über die Beweggründe. Dort heißt es, nachdem durch „*die lebhafte*

Entwicklung des Concerns, nach der Handels- und nach der Industrie-Seite die Finanzbedürfnisse" angewachsen seien, müsse man sich „*mit dem Gedanken vertraut machen, daß die Finanzierung nicht immer in dem bisherigen Rahmen, d. h. also im wesentlichen durch die Gründerfamilien, werde erfolgen können*". Deshalb also sollte durch Schaffung eines entsprechenden Organs eine größere Aktionärsgruppe „*durch Vermittlung der Börse*" herangezogen werden. Die Errichtung der Metallbank erfolgte also, wie die Zeitgenossen ganz richtig beobachtet hatten, „*um fremdes Kapital für die großen Unternehmungen des Merton-Konzerns heranzuziehen.*" (Exposé vom 26. Februar 1906 und Vorschläge bezüglich Aufgaben und Organisation der Berg- und Metallbank AG vom 28. August 1906, in: Achinger, Wilhelm Merton, Anlage 3, 410 und Anlage 4, 417) Das bildete einen Bruch in der bis dahin gültigen Unternehmensphilosophie und Praxis.

Merton selbst begleitete die Gründung der Berg- und Metallbank und die wachsende Bedeutung des Börsenhandels für das Unternehmen mit gemischten Gefühlen. Er hatte deutlich die Gefahren eines derartigen Wegs, der von der Eigenkapitalversorgung wegführte, vor Augen. Insbesondere fürchtete er Insiderhandel und Börsenspekulation und versuchte, die Gefahren frühzeitig einzudämmen. Um dem „*ungesunden Treiben in Kuxen- und Aktienhandel*" vorzubeugen, untersagte er den Direktoren und Beamten der Bank alle Börsengeschäfte. Zusätzlich legte er fest: „*Irgendwelche direkte oder anonyme Beeinflussung der Presse für die Interessen der Berg- und Metallbank ist streng zu vermeiden.*" Auch wenn er die Fremdfinanzierung seiner Geschäfte keineswegs mit Enthusiasmus entschied, sah er doch keinen Ausweg aus der nicht „*zu verkennenden Notwendigkeit, so manche unserer Unternehmungen früher oder später an die Börse zu bringen*" und „*den Weg zum*

Kapitalmarkt weiter zu öffnen, als das durch die Gründung der Metallurgischen Gesellschaft" bereits „*geschehen war.*" (Ebd.)

Eine weitere Absicht bestand darin, die Verbindung mit Berlin als Bank- und Börsenzentrum zur verstärken. Der Not gehorchend ließ er sich von dem Frankfurter Geheimrat Otto Braunfels vor allem aber von Carl Fürstenberg von der Berliner Handels-Gesellschaft beraten. Letzterer hatte die Handels-Gesellschaft zu einer der führenden deutschen Banken im Unternehmensgeschäft mit wesentlichem Anteil am Ausbau der Schwerindustrie im Ruhrgebiet und der norddeutschen Werften entwickelt. Als einer der bedeutendsten Bankiers bei der Finanzierung der deutschen Montanindustrie war Fürstenberg unter anderem im Aufsichtsrat der Harpener Bergbau AG, der Mannesmannröhren-Werke und darüber hinaus auch Aufsichtsrat der AEG.

Doch ihr Rat brachte Merton nicht weiter, denn die Bank bewährte sich nicht. Schon nach wenigen Jahren stellte sich heraus, dass die Vorstellung, man könne die technischen und industriellen Geschäfte des Konzerns vom Finanzwesen absondern, in die Irre geführt hatte. Das Problem der Fremdfinanzierung des Konzerns musste durch eine andere Unternehmenskonstruktion ersetzt werden. An die Stelle der Berg- und Metallbank trat 1910 die Schweizerische Gesellschaft für Metallwerte. In der Hand dieser Gesellschaft vereinigte sich die einheitliche Leitung aller Konzerngesellschaften, die mit ihren Geschäften den gesamten Erdkreis umspannten und von Frankfurt aus gelenkt wurde. Die Mertons konnten für den Verwaltungsrat ihrer Schweizer Gesellschaft für Metallwerte bedeutende Persönlichkeiten gewinnen. Neben den Familienmitgliedern verpflichteten sie wiederum Carl Fürstenberg. Weitere Mitglieder waren Gustaf Ratjen, Leopold Dubois, Otto Ulrich, A. Simonis-Blum, der erwähnte Otto Braunfels, Ludwig Delbrück – der Sohn von Adelbert Delbrück, der als „Vater der Deutschen Bank" in die Geschichte einging –, Otto Hauck, der bis 1933 als langjähriger Präsident der Frankfurter Industrie- und Handelskammer firmierte, und Adolph Ladenburg, der Sohn von Emil Ladenburg, der 1880 in das Bankgeschäft von Ernst Thalmann in New York eingestiegen war und damit die Beziehung der Metallgesellschaft zur American Metal Company von Anfang an mitgestaltet hatte. Mit der Schweizerischen Gesellschaft für Metallwerte als Holdinggesellschaft hat Wilhelm Merton die letzte und umfassendste Instanz der Finanzpolitik der Metallgesellschaft geschaffen. Diese Stufe entsprach der Logik, die den Weg vom Familienunternehmen zur immer stärkeren Verflechtung und Beteiligung, aber auch zu immer stärkerer Inanspruchnahme des Kapitalmarktes bestimmt hatte. Das Kapital der Schweizer Gesellschaft für Metallwerte betrug 20 Millionen Schweizer Francs. Dazu wurden Aktien in Höhe von 18 Millionen Francs ausgegeben.

Im Ganzen wurde der Merton-Konzern damals auf einen Kapitalwert von mehr als 200 Millionen Mark geschätzt. Mit allen Einschränkungen, die ein Währungsvergleich mit sich bringt, müsste heute dafür ein Wert von rund vier Milliarden Euro angesetzt werden. Es hatte damit gegenüber der Kapitalbasis von 1881 eine Verhundertfachung stattgefunden. Wegen seiner zahlreichen Verbindungen und Kooperationen kann diese Zahl jedoch kaum genau gefasst werden. Die zweifelsohne vorhandene Unübersichtlichkeit erregte damals das Misstrauen der Zeitgenossen. Sie fragten nach dem Zweck und vermuteten dahinter eine unsolide Strategie: Viele Gründungen und Beteiligungen seien nur eingegangen worden, um ein ausländisches Unternehmen zu beherrschen, oder der Sinn der ganzen Verschachtelung würde darin bestehen, eigenes Kapital möglichst zu schonen oder herausziehen und *„durch fremdes*

Kapital (zu) ergänzen". Überhaupt diene das Ganze nur der Börsenspekulation. (Liefmann, Organisation, 119) Das rief den entschiedenen Widerspruch Mertons hervor. Gegen einen seiner Kritiker hat er kurz vor dem Ersten Weltkrieg eine Streitschrift verfasst, die er für den internen Gebrauch sogar drucken ließ. Darin ging er mit den „*Theoretisierern*" hart ins Gericht, kritisierte modische Begriffe wie den des „*Effektenkapitalismus*", der impliziere, eine neue Generation von Unternehmern wolle mit möglichst wenig Kapital eine möglichst große Masse an Unternehmen kontrollieren, und wehrte sich vor allem gegen den Vorwurf der „*Börsenspekulation*". (HWA, Abt. 119, Nr. 919) Das hatte einen konkreten Grund. Merton wollte nicht in die Nähe einer Spekulationswelle gerückt werden, die von 1899 bis 1903 die öffentliche Diskussion sehr erregt hatte. Damals waren viele Unternehmensgründungen und Zusammenlegungen nur erfolgt, um der Börse neue Aktien zuzuführen und dann an den Spekulationen mit den neuen Papieren zu verdienen. Die Leidtragenden waren weite Kreise der Kleinaktionäre, denen alle die neuen Aktien aufgedrängt worden waren, was ihnen später große Verluste beschert hatte, während die „*Leiter der Trusts*" Nutzen aus Insiderinformationen zogen und große Gewinne einsteckten. (Liefmann, Kartelle und Trusts, 48–50)

Zu dieser Art von Gewinnern wollte Merton nicht gezählt werden. Aber es war nicht allein die Erinnerung an diese schon Jahre zurückliegende Auseinandersetzung. Der Vorwurf der Börsenspekulation traf Merton vor allem deshalb so hart, weil kurz zuvor darüber ein interner Streit im eignen Konzern entbrannt war, und zwar zwischen Wilhelm Merton und seinen Söhnen. Sie waren seit einigen Jahren nicht nur voll in den Geschäftsbetrieb integriert, sondern hatten auch führende Positionen übernommen. Seit 1906 befand sich Walter

Merton im Vorstand der Metallgesellschaft. Sein Bruder Alfred rückte 1906/07, also faktisch mit der Gründung, in den Vorstand der Berg- und Metallbank auf. 1910 übernahm Walter auch ein Mandat im Aufsichtsrat der Metallurgischen Gesellschaft und folgte einem Ruf von Carl Fürstenberg, Geschäftsinhaber der Berliner Handels-Gesellschaft zu werden. Der dritte Sohn, Richard Merton, zog 1913 in den Aufsichtsrat der mit der Metallurgischen Gesellschaft zusammengeführten Metallbank ein. Damals hatte das Unternehmen einen Wert von rund 40 Millionen Mark. Ihr Geschäftseintritt verlief durchaus nicht glatt. Die bereits kurz erwähnten Probleme zwischen den Generationen ergaben sich in diesen Jahren nicht in erster Linie aus einer wirtschaftlichen Krisenlage. Im Gegenteil, die Unternehmen verzeichneten ein stetes Wachstum der Beteiligungen und Interessen. Das aber kollidierte zunehmend mit Mertons starker Neigung, alle wichtigen Geschäftsangelegenheiten persönlich zu kontrollieren. Ein weiterer Konfliktherd entzündete sich dann an einzelnen neuen Finanzierungspraktiken, die nun vor allem von der nachrückenden Generation in das Geschäftsleben des großen Konzerns eingebracht wurden.

Alfred Merton, seit 1906 Vorstandsmitglied der Berg- und Metallbank.

Richard Merton, seit 1913 Aufsichtsratsmitglied der Metallbank.

Merton stemmte sich dagegen und provozierte einen offenen Streit, indem er der Metallgesellschaft – genauer ihrem damaligen Vorstand und damit seinem Sohn Walter – vorwarf, in einen Skandal um die Cuivre et Pyrites verwickelt zu sein, was dem Ansehen des Unternehmens sehr schade. Er forderte deshalb „*Wiedergewinnung unserer geschäftlichen und moralischen Qualitäten*" und sprach sich strikt gegen ein rein „*börsenmäßiges Vorgehen*" und Spekulationsgeschäfte aus – also genau gegen das, was man dem Konzern in der öffentlichen Diskussion um grundsätzliche neue Trends in der Wirtschaft vorwarf. (HWA, Abt. 119, Nr. 919) Das führte in den Jahren 1906 und 1907 zu großen Auseinandersetzungen um die Ausdehnung des Geschäfts, um die wachsende Zahl von Beteiligungen sowie um die weitere Aufsplitterung des Konzerns. Eine Rolle spielte allerdings auch der Führungsstil im Kreis der Konzerngründer und dabei wurde deutlich, dass die Metallgesellschaft immer weniger ein Familienunternehmen bleiben konnte. Damit verschob sich allerdings auch das Wertesystem, das bisher auf Erfahrungen und Traditionen eines persönlich verantwortlichen Kaufmanns ausgerichtet war und das nun für die neue Etappe in der Entwicklung der industriellen Unternehmen nicht mehr so recht passen wollte. In Anbetracht dieser Situation wäre es notwendig gewesen, transparentere Verhaltensnormen zu formulieren. Merton hielt jedoch kompromisslos an seiner traditionsbewussten Kaufmannsehre fest, die sich in vielen Jahren so oft bewährt hatte, und geriet deswegen mit der nachrückenden Generation vollends aneinander. Es ging um moralische Fragen und Verhaltensregeln, die noch ganz dem Wertekanon eines Kaufmanns des 18. und 19. Jahrhunderts verpflichtet waren. Daraus entwickelte sich ein langer Disput. Am Ende stand zwar ein gegenseitiges Einlenken, aber genau an diesen internen Konflikt hatte die wirtschaftswissenschaftliche Publizistik der damaligen Zeit gerührt und Merton damit so sehr in Rage gebracht.

Es war insbesondere Robert Liefmann, der mit seinem Spekulationsvorwurf Mertons besonderes Augenmerk auf sich zog. Robert Liefmann, Professor für Nationalökonomie an der Universität Freiburg, galt unter seinen Kollegen als Querdenker. Er wurde 1874 als Sohn einer wohlhabenden jüdischen Familie, die zum evangelischen Glauben konvertiert war, in Hamburg geboren. Robert Liefmann studierte in Freiburg, Berlin, München und Brüssel Nationalökonomie und Rechtswissenschaften. Auf Anregung von keinem Geringeren als Max Weber schrieb er eine Dissertation über Unterneh-

Der Nationalökonom Robert Liefmann. Porträt um 1910.

merverbände und Kartellwesen und habilitierte sich nach einem Studienaufenthalt in England 1900 in Gießen. 1904 wurde er außerordentlicher Professor in Freiburg im Breisgau. Ausgedehnte Studienreisen durch die USA bestärkten ihn in seinem Vorhaben, insbesondere die neuen Unternehmensformen und hier vor allem Kartelle und Trusts zu erforschen. Das weitere Schicksal war ihm dann nicht besonders gnädig. Er wurde im Ersten Weltkrieg vom Hochschuldienst suspendiert, erkrankte danach schwer und war eine Zeit lang auf den Rollstuhl angewiesen. Er musste sich anschließend mit Lehraufträgen an Schulen durchs Leben schlagen. Selbst die wurden ihm von den nationalsozialistischen Machthabern zusammen mit seinem Ausschluss von der Universität entzogen, obwohl er mit Geburt evangelisch getauft worden war. Er blieb dennoch in Deutschland und wurde am 22. Oktober 1940 mit seiner Familie und mit allen badischen und pfälzischen Juden in das südfranzösische Lager Camp de Gurs am Fuße der Pyrenäen deportiert. An den Folgen der Deportation starb er im Februar 1941 in dem kleinen französischen Städtchen Morlaàs, dabei hätte er wenig später durch die Vermittlung der Universität von New York die Ausreise antreten können.

All das war bei dem Streit mit Merton nicht abzusehen. Der Streit ging allerdings weit über den Spekulationsvorwurf und über die internen Auseinandersetzungen und den Wertekanon der Führungsriege des Frankfurter Konzerns hinaus. Allein aus diesem Grund hätte sich Merton kaum die Mühe einer Gegenschrift gemacht. Die Kontroverse berührte die viel wichtigeren neuen Phänomene der Weltwirtschaft und die Rolle der immer größeren Industriekomplexe in der globalen wirtschaftlichen Arbeitsteilung. Im Mittelpunkt stand die alles bewegende Frage, ob dahinter eine neue Qualität des

Kapitalismus zu vermuten sei. Das Umsichgreifen der Marktabsprachen und Kartelle rüttelte an den nationalökonomischen Überzeugungen und warf eine ganze Kette von grundsätzlichen Fragen auf. Begannen Trusts oder trustähnliche Gebilde die Märkte zu kontrollieren? War die Furcht begründet, sie würden das Ende des Konkurrenzkapitalismus einläuten? Entwickelte sich der Kapitalismus, der auf dem unregulierten Wirken des Gesetzes von Angebot und Nachfrage, den Prämissen des wirtschaftlichen Liberalismus, basiert, hin zu einem Kapitalismus, der künftig von Monopolen dominiert werden würde und in dem letztendlich dann diejenigen den Ton angeben, die über die größten Finanzmittel verfügten – das Finanzkapital. Im Kontext dieser Debatte erschienen zu Kartellen, zu Trusts und dem internationalen Finanzkapitalismus unzählige Schriften und Bücher. In die Mühlen dieser Auseinandersetzung um die grundsätzlichen Charakterzüge einer neuen Epoche geriet auch der weltweit verzweigte Konzern Mertons – die Metallgesellschaft. Deshalb sah sich Merton gezwungen, zu den Ausführungen, zu dem Spekulationsvorwurf, aber insbesondere zu dem prognostizierten Trend zu einem hochgradig von Kartellen bestimmten Kapitalismus Stellung zu beziehen. Was also hatte Liefmann stellvertretend für eine ganze Literaturgattung behauptet? Er hatte sich in mehreren Schriften zu den Phänomenen der Marktabsprachen, der Rolle von Verbindungen und Beteiligungen geäußert und sie als eine Strategie gedeutet, eine beherrschende Stellung – ein Monopol – in einem Marktsegment zu erreichen. Das Neue an diesen Vorgängen sei der Zwang, derartige Operationen weltweit auszudehnen, weil *„bei der heutigen Entwicklung der Verkehrsmittel, (…) die Vorräte auf allen Märkten der Welt berücksichtigt werden müssen.“* (Liefmann, Kartelle und Trusts, 16)

Dieser Vorwurf traf Merton noch nicht, denn er hatte durchaus Sympathie für den Monopolpreis und die von ihm bereitgestellten Dienstleistungen der Metallgesellschaft zielten ja explizit darauf, eine beherrschende Marktstellung zu gewinnen, damit der Konzern den Schwankungen der Marktpreise entgegenwirken könne. Merton schätzte allerdings – aus leidvoller Erfahrung mit der American Metal Company – die Möglichkeit einer marktbeherrschenden Stellung der Metallgesellschaft nicht sonderlich hoch ein. Die Probleme mit der American Metal Company hatte ihm deutlich vor Augen geführt, wie schwach seine Stellung gegenüber den Hütten- und Montantrusts gewesen war. Damit maß er dem Trend zu Kartellen und Monopolen eine weitaus geringere Bedeutung bei als viele Autoren der Zeit. Vor allem sah er diese Tendenzen nicht als Grundzug der Entwicklung und nicht als etwas, das die Zukunft des Kapitalismus bestimmen würde. Genau das jedoch prognostizierten viele Zeitgenossen. Liefmann hatte explizit die Frage aufgeworfen: „*Wohin soll diese ganze Entwicklung führen?*" (Liefmann, Kartelle und Trusts, 119) Er zeichnete in Beantwortung der Frage die Vision eines Monopolkapitalismus und einer auf allen Ebenen in Kartellen organisierten Gesellschaft, die das Ende des liberalen Zeitalters einläuten würde. Kartellverträge würden „*nicht nur von den Unternehmern angewendet, sondern auch von den meisten Genossenschaften, den Koalitionen der Arbeiter und aller anderen Wirtschaftssubjekte.*" (Liefmann, Kartelle und Trusts, 128 f.) Daraus zog er – und man muss hinzufügen, nicht nur er – den Schluss, die Gesellschaft um 1900 und im Jahrzehnt vor dem Ersten Weltkrieg würde am Beginn eines Zeitalters stehen, das von den politischen Bewegungen der Arbeiter gestaltet werde. Diese wollten mit der Perspektive des Sozialismus die politische Macht übernehmen und würden sich von den Konzentrationsprozessen in der Wirtschaft, den Kartellen, in der Vision einer zentral gelenkten, vergesellschafteten oder verstaatlichten, auf jeden Fall hochgradig zentralisierten Wirtschaft bestätigt sehen.

Das war es, was Merton noch mehr als Spekulationsvorwurf, Effektenkapitalismus oder Monopolisierungstendenzen äußerst beunruhigte, und zwar deshalb, weil viele im Bereich der Nationalökonomie, der Medien und insbesondere der Politik diese Positionen teilten. Tatsächlich hatten diese Vorstellungen nicht nur eine weite Verbreitung in der öffentlichen Diskussion der Vorkriegszeit gefunden, sondern auch weite Teile des 20. Jahrhunderts geprägt. Die Vorstellung von einem neuen Stadium des Kapitalismus lieferte auch eine Erklärung für die weltpolitischen Phänomene der Zeit: die immer hektischere Kolonialpolitik und ihre kriegerischen Folgen, das Philippinendesaster der USA, der Boxeraufstand und die Reaktionen der Kolonialmächte, der Burenkrieg, der Russisch-Japanische Krieg, die Marokkokrisen und der immer martialischer auftretende englische und französische Kolonialismus wie auch derjenige des wilhelminischen Kaiserreichs und seines Flottenbauprogramms. Rasch fanden sich dafür neue Begriffe. Zum einen machte der Begriff der „Weltpolitik" die Runde, um die weltweite Außenpolitik der europäischen und nordamerikanischen Mächte zu charakterisieren, zum anderen fand sich der Terminus Imperialismus, mit dem ein neues Stadium der bürgerlichen beziehungsweise der kapitalistischen Entwicklung gekennzeichnet werden sollte.

Inmitten dieser Diskussion um die Zukunft des Kapitalismus, das heißt der bürgerlichen Gesellschaft, stand Mertons Metallgesellschaft. Die internationale Verflechtung des Konzerns sahen viele Vertreter der Imperialismustheorien als Beleg für den Trend in die von ihnen prognostizierte Richtung. Die

Metallgesellschaft mit ihren zahlreichen Beteiligungen diente als Beispiel für die Kartelle und die Tendenz zum Monopol; sie fand über die Schriften Liefmanns breiten Eingang in die Diskussion über den Imperialismus als neues Stadium des Kapitalismus. Lenin zitiert ihn ausführlich insbesondere in den Abschnitten über die Konzentration der Produktion und die Rolle der Monopole. Die Skizze Liefmanns zur internationalen Verflechtung der Metallgesellschaft findet sich in Lenins Heften über den Imperialismus. Insofern stießen die Ausführungen von Liefmann auf ein großes Interesse, wurden aufmerksam registriert und bahnten den Weg zu äußerst pessimistischen Deutungen der weiteren Entwicklung des Kapitalismus. Mertons Konzern fand auf diese Weise Eingang in eine Grundsatzdebatte, die von großer gesellschaftlicher Tragweite war und die wirtschaftliche, soziologische und politische Diskussion des 20. Jahrhunderts viele Jahrzehnte bis in die Zeit des Kalten Kriegs und der großen Systemkonfrontation nach dem Zweiten Weltkrieg bestimmt hat.

Merton war mit der Arbeiterfrage und den mit dieser Frage zusammenhängenden politischen Implikationen vertraut – und damit auch mit den in den Kreisen der sozialistischen Arbeiterbewegung diskutierten Positionen. Er hatte sich seit langem mit der sozialen Frage und ihrem Drohpotenzial für die liberale Bürgergesellschaft am Ausgang des 19. Jahrhunderts auseinandergesetzt. Er interpretierte den Trend zu immer größeren Unternehmen allerdings ganz anders als Liefmann und all die anderen Prognostiker eines Untergangs der bürgerlichen Gesellschaft. Er ging von der Möglichkeit aus, die Arbeiter mit dem Kapital zu versöhnen, die Arbeiterbewegung zu pazifizieren, sie von der sogenannten „*proletarischen Demokratie*" (Gustav Mayer), der Vision vom Zusammenbruch des Kapitalismus und dem Aufbau eines Volksstaats mit vergesellschafteter Industrie, zur bürgerlichen Demokratie zurückzuholen und die Arbeiter in die bürgerliche Gesellschaft zu integrieren. Das hieß für ihn in erster Linie, die wirtschaftlichen und sozialen Probleme, die auf dem Proletariat lasteten, einer praktikablen Lösung zuzuführen.

In diesem Zusammenhang baute er ab 1890 neben seinem Weltkonzern einen zweiten Konzern auf, einen Konzern ganz eigener Art, der aus gemeinwohlorientierten Unternehmen bestand. Seine gemeinnützigen Unternehmungen hatten bald einen so großen Umfang erreicht, dass ihn – in seinen eigenen Worten – seine *„sozialpolitischen Interessen"* immer mehr *„auf Kosten der wirtschaftlichen"* zu beschäftigen begannen. Mehr noch, Merton schuf Einrichtungen, in denen die sozialen Probleme nicht nur in vielen Teilbereichen des sozialen Lebens praktisch gemildert, sondern auch theoretisch untersucht werden sollten. Der Unternehmer verschmolz hier mit dem Philanthropen und Sozialwissenschaftler zu einer Person, die einen Kampf für den Erhalt der bürgerlichen Gesellschaft führte. *„Fern vom politischen Kampfe, habe ich, als es mich drängte, mich nicht mehr allein auf das Wirken im engen Kreis des Armenwesens und der Wohltätigkeit zu beschränken, sondern mich auch um die grösseren Fragen zu kümmern, so ziemlich frei von Vorurteilen und Doctrinen an die Arbeit gehen können. Ohne zu verkennen, dass sich, wie die Dinge nun einmal liegen, ein Ausgleich der scharfen sozialen und wirtschaftlichen Gegensätze, welche unsere Zeit characterisieren, vermutlich nur auf dem Wege des Kampfes zwischen den verschiedenen Richtungen allmählich vollziehen wird, schien es mir die Aufgabe des Instituts für Gemeinwohl zu sein, sich möglichst abseits davon zu halten und dahin zu wirken, daß vor allen Dingen besseres Verständnis und erhöhtes Interesse, insbesondere innerhalb der besitzenden und machthabenden Klassen, für die wirtschaftlichen und sozialen Vorgänge erweckt werde."* (Brief

Wilhelm Mertons an das Institut für Gemeinwohl (Dr. Andreas Voigt) vom Januar 1897. ISG, Stiftungsabeilung 219, Bl. 18)

Dieses Ziel ist nur vor dem Hintergrund der großen Auseinandersetzungen der damaligen Zeit zu verstehen. Merton war nicht einfach Philanthrop, er war überzeugter liberaler Bürger in einer turbulenten Zeit, in der viele an ein „Fin de Siècle“ dachten und nicht mehr an die Zukunft des Liberalismus und einer nach demokratischen Grundsätzen gestalteten Gesellschaft glaubten. Er aber setzte sich unbeirrt für den Erhalt der „Bürgerlichen Gesellschaft“ ein. Seiner Meinung nach bedurfte es dazu auf Seiten der Unternehmer und Politiker wie auf Seiten der Arbeiter viel Aufklärung. Voraussetzung sei vor allem ein rationaler und wirtschaftlicher Umgang mit den Ressourcen der Sozialreform und Sozialpolitik. „*Mit der Um- und Neugestaltung des wirtschaftlichen und sozialen Lebens mußte auch die Natur der Aufgaben des Vereins- und Stiftungswesens einschneidende Veränderungen erfahren. Seine Einrichtungen und Bestrebungen mußten sich den neuen Verhältnissen anpassen. Die moderne Anschauungsweise, wie auch das Bewußtsein der wirklichen Lage und ihrer Anforderungen, mußte darin zum Ausdruck gelangen, die Art ihrer Geschäftsführung und die Höhe der Geldmittel mit dem durch die Verhältnisse bedingten erweiterten und neuen Programm Schritt halten. Auch galt es brauchbare Normen zu finden, für das, was angesichts der vom Staat und Gemeinde übernommenen neuen Aufgaben seitens der privaten freiwilligten Tätigkeit zum Wohle der minderbemittelten oder notleidenden Volksklassen zu tun bleibt, wie es zu geschehen hat, und wie ein nützliches und harmonisches Zusammenarbeiten der staatlichen und privaten Fürsorge, sowie innerhalb der letzteren in ihrem vielgestaltigen Vereins- und Stiftungswesen zu erzielen sei.*“ (Berichte des Instituts für Gemeinwohl 9, 1905, 1)

Merton begann diese Einsicht ab 1890 in die Tat umzusetzen. In diesem Jahr gründete er das Institut für Gemeinwohl. Auf diesem Fundament wurden in den folgenden Jahren immer mehr Stockwerke aufgesetzt, ebenso wie sich der Ausbau der Metallgesellschaft zu einem weltweit agierenden Konzern Schritt für Schritt vollzogen hatte.

IV. Ein Weltbürger in Frankfurt

Wilhelm Merton blieb in Frankfurt und hat nach seiner Entscheidung im Jahre 1876 nie wieder über einen Ortswechsel nachgedacht, obwohl die Stadt für seine Art eines modernen globalen Metallhandels und der weltweiten Erschließung von Erzlagerstätten eigentlich nicht über die besten Voraussetzungen verfügte. Industrielle Standorte im Ruhrgebiet, in der Umgebung Kölns oder Berlins und Hamburgs hätten ihm bessere Bedingungen geboten. Doch die wirtschaftlichen und gesellschaftlichen Erfolge gaben ihm Recht. Als vielfacher Millionär rangierte er vor dem Krieg regelmäßig unter den zehn größten Steuerzahlern Frankfurts. Er war Mitglied des Casino-Clubs, des Renn-Klubs, der Senckenbergischen Naturforschenden Gesellschaft, des Physikalischen, Geographischen, Altertums- und Geschichtsvereins und in diversen Kunst- und Museumsvereinen. Doch Mertons Interessen beschränkten sich nicht allein auf das Geschäft, den Metallhandel oder gar auf gesellschaftliche Repräsentation; er sah weiter gehende Verpflichtungen, die insgesamt mit der Konstitution der bürgerlichen Gesellschaft und ihrer Stabilisierung, besser ihrer Verstetigung in der Umbruchszeit der Hochindustrialisierung zu tun hatten. Für dieses Anliegen gab es in dem von den konservativen Eliten Berlins beherrschten Kaiserreich Wilhelms II. keine Alternative zu Frankfurt. Die alte Handelsstadt am Main war in dem Jahrzehnt vor und nach 1900 das unumstrittene Experimentierfeld der bürgerlichen Sozialreform. Hier wurde wie an keinem anderen Ort in Deutschland um die Wiederannäherung von Arbeiterbewegung und bürgerlicher Gesellschaft gerungen. Der Umgang mit Gewerkschaften und Sozialdemokraten auf städtischer Ebene sollte das Modell für eine moderne Sozialreform im Kaiserreich liefern. Dafür reichten theoretische Überlegungen allein nicht aus. Dafür mussten praxisbezogene Konzepte her und vor allem nachweisbare Erfolge präsentiert werden.

Das Problem der sogenannten „Arbeiterfrage" lag seit langem auf dem Tisch. Über die Gestaltung einer modernen kommunalen Sozialpolitik hatte der Verein für Sozialpolitik über viele Jahre hinweg eine intensive und weitgefächerte Debatte geführt. Im Rahmen dieser Diskussion riet Max Weber als Vertreter des linken Flügels der Liberalen und in völliger Übereinstimmung mit dem Anliegen von Wilhelm Merton, die Sozialdemokratie in die Gemeindearbeit einzubeziehen oder sie zumindest an den Bemühungen um die Verbesserung der wirtschaftlichen Situation und sozialen Stellung zu beteiligen. Dann hätte man, so seine Überlegung, von der Stadt und von Selbstverwaltungskonzepten ausgehend eine Chance, die Sozialdemokratie zu *„liberalisieren"*, sprich dem gemäßigten, reformorientierten Flügel um Eduard Bernstein und den pragmatisch orientierten Gewerkschaften zum Durchbruch zu verhelfen. Das bedeutete, die deutsche Sozialdemokratie zu anglisieren, sie in eine deutsche Labour Party umzufunktionieren, wie Merton sie von seiner zweiten Wahlheimat her kannte. Für eine solche Strategie war das politische Klima in Frankfurt günstig. Die Mehrheit der lokalen Mandatsträger und engagierten Bürger sympathisierten mit einer liberalen Sozialpolitik nach diesem Muster und ihre Stadt schien ihnen das geeignete Experimentierfeld. Auch von außerhalb Frankfurts kamen ermutigende Signale.

Seit der Reichsgründung forderte beispielsweise der Demokratische Verein als Bestandteil seiner antipreußischen Ausrichtung eine Stärkung der Selbständigkeit der Gemeinde und vertrat die These von einer besonderen sozialpolitischen Verantwortung der Kommune. Konkret wurden darunter private Wohltätigkeit, Beseitigung des Zensuswahlrechts, gerechtes Steuersystem und Förderung der Fortbildung verstanden. Treibende Kraft dieses Programms war der ehemalige jüdische Bankier und Herausgeber der Frankfurter Zeitung, Leopold Sonnemann, eine der großen Persönlichkeiten des deutschen Liberalismus. Schon früh in der Arbeiterbildungsvereinsbewegung aktiv und hier Gegenspieler von Ferdinand Lassalle, widmete er sich nach seiner gescheiterten Wiederwahl als Reichstagsabgeordneter intensiv sozialpolitischen Problemen auf der kommunalen Ebene, trat dem Verein für Sozialpolitik bei und lieferte, beeinflusst von den Positionen der „Kathedersozialisten", wichtige Impulse für die sozialpolitische Programmatik des Linksliberalismus.

Ähnliche Ziele verfolgte auch der Frankfurter Wahlverein der Nationalsozialen um Friedrich Naumann sowie der Verein der Fortschrittspartei, der zusammen mit dem Demokratischen Verein seit dem Ende des 19. Jahrhunderts über die Mehrheit in der Stadtverordnetenversammlung verfügte. Es wurde eine Integrationspolitik formuliert, die die Arbeiter über Sozialreformen an die Politik der Linksliberalen in Frankfurt am Main anbinden sollte. Weniger ausgeprägt waren die sozialpolitischen Vorstellungen des Frankfurter Nationalliberalen Vereins, der „Magistratspartei", wie sie im Volksmund hieß, der auch die Oberbürgermeister Johannes Miquel und Franz Adickes zuneigten. Der Verein trat für eine begrenzte Wohlfahrt ohne Gewährung politischer Freiheiten ein. Wenn damit von Partei zu Partei Reichweite und Zielsetzung der angestrebten Sozialreform auch deutliche Unterschiede bestanden, arbeiteten die Sozialliberalen aller drei Fraktionen bei den meisten praktischen Aktivitäten doch eng zusammen, und es bildete sich ein parteiübergreifendes Netzwerk heraus, das bis in die Sozialdemokratie und die Gewerkschaften hineinreichte. Drei Gruppen trugen dieses Netzwerk: Zu nennen sind als Erstes eine ganze Reihe von Bildungsbürgern, Architekten, Juristen und zahlreichen Sozialwissenschaftlern, die das Gros in den verschiedenen sozialpolitischen Vereinen stellten. Sie wollten die Lösung der sozialen Probleme durch verschiedene Untersuchungen zur Lage der Arbeiter unterstützen und erarbeiteten dabei in den 20 Jahren vor dem Ersten Weltkrieg eine große Zahl von Enquêten, statistischen Materialien und Haushaltsaufzeichnungen. Ihre Domäne waren die zahlreichen gemeinnützigen Wohnungsbaugesellschaften, zu denen sich vor allem, aber nicht nur Architekten hingezogen fühlten, Bildungseinrichtungen wie der Ausschuß für Volksvorlesungen, in dem sich akademisches Lehrpersonal engagierte, oder die Leitungen und Vorstände der sozialpolitischen Institute und Vereine wie die Volkswirtschaftliche Sektion des Freien Deutschen Hochstifts. Zu dieser Gruppe gehörten auch Personen, die mit und für Wilhelm Mertons Wohlfahrtsorganisationen arbeiteten.

Weiterhin existierte eine Gruppe philanthropisch gesinnter Kaufleute und Fabrikanten, die sich wie Wilhelm Merton um einen politischen Ausgleich mit den Arbeitern bemühten. Sie sind von den patriarchalischen Fabrikanten zu unterscheiden, die nur die Arbeiter ihres Betriebes über betriebliche Wohlfahrt binden wollten, wie das auch in verschiedenen Metallgroßbetrieben in Frankfurt der Fall war. Eine ganz andere Richtung vertrat ihnen gegenüber nicht nur Merton, sondern auch sein enger Geschäftspartner, Heinrich Roessler von der Degussa. Er war schon in den 1870er Jahren über den Frankfurter Arbeiterbildungsverein Sonnemanns mit der sozialen Frage in Berührung gekommen und verabschiedete in seinem Unternehmen ein für damalige Verhältnisse ausge-

Heinrich Roessler mit Brüdern um 1900.

sprochen weitreichendes System betrieblicher Sozialmaßnahmen. Er akzeptierte als Mitglied des Demokratischen Vereins schon früh – gegen den Widerstand zahlreicher seiner liberalen Parteifreunde – die Notwendigkeit von Gewerkschaften, stritt zusammen mit dem Sozialdemokratischen Verein für eine Liberalisierung des Kommunalwahlrechts, das wie in vielen deutschen Städten an eine bestimmte Höhe des Einkommens gebunden war, und beteiligte sich an der Gründung des Ausschusses für Volksvorlesungen sowie der Actien-Baugesellschaft für kleine Wohnungen. Er arbeitete darüber hinaus in zahlreichen Initiativen der sozialpolitischen Vereinswelt Frankfurts mit. Zu nennen sind ebenso Eugen Lucius, Gründungsmitglied der Farbwerke Hoechst, Bernhard Lepsius von der Chemischen Fabrik Griesheim oder Eugen Hartmann von Hartmann & Braun. Vor allem aber müssen die bereits genannten Henry Budge und Charles Hallgarten, die Amerikarückkehrer, die zu den größten Philanthropen Frankfurts gehörten, in diesem Zusammenhang erwähnt werden. Beide und die Vorgenannten arbeiteten eng mit Merton zusammen.

Henry Budge und seine Frau stifteten der Universität große Summen für Lehr- und Forschungstätigkeit und gründeten der Altersfürsorge verpflichtete wohltätige Einrichtungen, die im Geiste gegenseitigen Verstehens Juden und Nichtjuden gleichermaßen offenstehen sollten, und errichteten das Henry und Emma Budge-Altersheim. Charles Hallgarten ging mit

Charles Hallgarten mit Henry Budge auf einer Atlantikpassage.

seinem sozialen Engagement weit über die Budges hinaus. Er war ein überzeugter Demokrat mit einem ausgeprägten Sinn für soziale Verantwortung. Als Freund Friedrich Naumanns pflegte er nicht nur gute Beziehungen zu Persönlichkeiten des Reformflügels der Sozialdemokratie, sondern hielt auch engen Kontakt zu den freien Gewerkschaften, was für einen Liberalen oder Demokraten damals nicht selbstverständlich war. Hallgarten widmete sich im großen Stil wohltätigen Bestrebungen aller Art. Dabei leistete ihm sein in New York im Eisenbahnbau erworbenes Millionenvermögen große Dienste, das er großzügig für zahlreiche soziale Zwecke zur Verfügung stellte. Er selbst engagierte sich in nicht weniger als 45 Vereinen, Verbänden und Institutionen. Dazu kamen zahlreiche Projekte, die er wie das Institut für Gemeinwohl, die Centrale für private Fürsorge, die Gesellschaft für Wohlfahrtseinrichtungen und das Soziale Museum zusammen mit Wilhelm Merton ins Leben rief. Er war damit einer der größten Stifter Frankfurts.

Zu diesen Vielen, die das Feld der Sozialpolitik bestellten, gehörten als weitere Gruppe auch die Beamten der städtischen Verwaltung und Angestellte der verschiedenen kommunalen Einrichtungen, die ebenfalls einen gewichtigen Anteil an den sozialpolitischen Maßnahmen hatten. Die Ausweitung des städtischen Engagements im Bereich der Hygiene und des Gesundheitswesens, der Aufbau der Kanalisation, des Schlacht- und Viehhofs mit Lebensmitteluntersuchungsamt, des städtischen Krankenhauses, Gesundheitsamts, Gesundheitsrats sowie die Einstellung der Stadt- und Armenärzte wirkten hier sozusagen als Katalysator. Aus diesem Bereich engagierten sich schon in frühen Jahren der Geheime Sanitätsrat Georg Varrentrapp und die Stadtärzte Gustav und Alexander Spiess sowie Wilhelm Hanauer und Emil Fromm.

Weitere Quellen sozialpolitischer Betätigung waren Ämter, in denen die Beamten direkt mit dem sozialen Elend oder der Arbeiterfrage konfrontiert wurden. In erster Linie sind hier natürlich das Armenamt unter der Leitung von Karl Flesch und verschiedene neuere sozialpolitische Einrichtungen wie das Gewerbegericht, die Arbeitsvermittlungsstelle oder die Gewerbeschule mit ihren Vorsitzenden und Leitern Hermann Luppe, Friedrich Hiller und Heinrich Back zu nennen. Flesch, der Bekannteste unter ihnen, wurde zu Recht die „Seele der Frankfurter Sozialpolitik" genannt und verfügte gleichzeitig über eine durchdachtes Konzept für ein sozialpolitisches Eingreifen des Bürgertums auf dem Boden der Kommune. Er wollte als Linksliberaler wie Merton die Gewerkschaften über eine bürgerliche Sozialreform als neue Massenbasis für liberale Politik in Deutschland gewinnen. Er teilte die Position der linksliberalen Mehrheit in der Stadtverordnetenversammlung und initiierte zusammen mit Leopold Sonnemann und Heinrich Roessler die meisten ihrer sozialpolitischen Aktivitäten. In diesem großen Zusammenhang wirkte Wilhelm Merton.

Das in einem Netzwerk von Vereinen, Stiftungen und Initiativen organisierte sozialreformerisch eingestellte liberale Bürgertum ging mit seiner politischen Zielsetzung weit über die sozialreformerische Bereitschaft des Magistrats der Stadt hinaus. Deutlich wird dies an der viel zurückhaltenderen Position der Bürgermeister Johannes Miquel und Franz Adickes in sozialen Angelegenheiten. Zentraler Bezugspunkt ihres Engagements war der Erhalt des politischen Status quo mit den bestehenden eingeschränkten Partizipationsmöglichkeiten. Adickes erklärte explizit, Gleichheit könne nicht dekretiert werden, sie sei „*gefährlich, weil ihr Hervortreten den guten Willen der Besitzenden zu sozialen Reformen lähmt.*" (Adickes, Die sozialen Aufgaben, 53) Er entsprach damit den sozialpolitischen Vorstellungen der Nationalliberalen. Sozialpolitik sollte auf Wohlfahrt beschränkt bleiben.

Genauso wenig wie einen direkten Wohnungsbau durch die Kommune akzeptierte Adickes deshalb eine Intervention der Stadt bei der Schaffung von Arbeitsplätzen in Krisenzeiten oder einen direkten Eingriff in die gewerblichen Arbeitsbedingungen über ein Ortstatut. Adickes stand dennoch der Forderung eines in Arbeitskämpfen neutralen Arbeitsnachweises offen gegenüber und unterstützte Kinderhorte, Kleinkinderschulen, Volksschulen, Lehrlings- und Mädchenheime, Fortbildungs- und Gewerbeschulen, Volksvorlesungen und Hochschulkurse und Volksbibliotheken. Auch sollten Kunst, billiges Theater, Konzerte, Museen und Chöre den Arbeitern zur Verfügung stehen.

All jene, die für eine forcierte und grundsätzliche Sozialreform eintraten, stimmte die offizielle Position des Magistrats nicht sehr optimistisch. Dennoch konnte auf kommunaler Ebene einiges erreicht werden, und zwar deshalb, weil die Kommunikation zwischen den liberalen Flügeln bei allem Streit nicht abriss. Roessler, Sonnemann, Hallgarten und Merton haben immer wieder das Gespräch mit Miquel oder mit Adickes gesucht. Vermittlungsinstanz für ihr Anliegen war nicht selten Stadtrat Karl Flesch, der Vorsteher des Armenamts. So glückte die Reform der Armenfürsorge und die Einrichtung eines paritätisch von Arbeitgeber- und Arbeitnehmervertretern besetzten Gewerbegerichts, dessen Konzeption 1890 für die Reichsgesetzgebung Modell stand. Im selben Jahr folgte die Einrichtung einer gewerblichen Fortbildungsschule, in deren Schulvorstand auch Vertreter der Arbeiter Sitz und Stimme hatten, und 1895 der Aufbau einer ebenfalls paritätisch aus den Reihen der Gewerbegerichtsbeisitzer besetzten städtischen Arbeitsvermittlungsstelle. Dazu kamen Unterstützungsmaßnahmen für den gemeinnützigen

Wohnungsbau, 1905 die Einrichtung eines paritätisch besetzten Kaufmannsgerichts, Pensionsregelungen sowie ein Regulativ für die städtischen Arbeiter und Angestellten und schließlich noch kurz vor dem Krieg die Verabschiedung der Statuten für eine städtische Arbeitslosenversicherung nach dem „Kölner System". Die Bereiche, die von der Stadt nicht abgedeckt wurden, füllten private Vereine und Institutionen. Davon zeugen die zahlreichen Wohnungsbaugesellschaften ebenso wie eine unüberschaubare Anzahl von privaten Initiativen. Dieses Geflecht von städtischen Einrichtungen, privaten Vereinen und Institutionen deckte eine ganze Palette von Bedürfnissen ab. Es umspannte die Regelung tariflicher und arbeitsrechtlicher Fragen, Rechtsauskunft und Beratung, Musterarbeitsverträge, Kinder-, Alten- und Armenfürsorge, den Wohnungsbau, Volksbildung, sozialstatistische Enquêten sowie sozialwissenschaftliche Untersuchungen und vieles andere mehr. Es bot damit zahlreiche Anknüpfungspunkte für die Zusammenarbeit von bürgerlicher und proletarischer Bewegung.

Genau diese Kontakte wollte Merton ausbauen, erweitern und für die Einflussnahme auf die Arbeiterbewegung nutzen. Denn wenn auch die erwähnten sozialpolitischen Errungenschaften im Vergleich mit anderen deutschen Städten als außerordentlich weitreichend angesehen werden müssen, gingen sie Merton doch nicht weit genug; er hegte große Zweifel an ihrer Effizienz. So weise zwar *„jede grössere Stadt (..) zahlreiche Stiftungen und Vereine auf (...), welche die Unterstützung von Armen und Kranken, die Abwehr leiblicher und geistiger Not, die Bekämpfung socialer und wirtschaftlicher Schäden bezwecken"*, doch habe die voranschreitende Industrialisierung *„tief eingreifende Verschiebungen in den Beschäftigungen, Wohnsitzen und Lebensgewohnheiten hervorgebracht, die von vielem Elend begleitet waren"*. Dieser Befund sei den vermögenden Klassen *„noch zu*

erkennen". Das Institut für Gemeinwohl sollte Abhilfe schaffen. (ISG, Stiftungsabteilung 219, Bl. 16)

Sein Institut wie auch alle anderen später geschaffenen Einrichtungen sollten von Anfang an professionell geführt werden und von volkswirtschaftlich und sozialpolitisch geschulten und sich in der Praxis weiterbildenden „Berufsbeamten" geleitet werden. Auch sollten sie arbeitsteilig vorgehen und für verschiedene Zwecke Tochtergesellschaften ins Leben rufen. Natürlich sollte das Vorgehen wissenschaftlich begründet und möglichst zweckrational organisiert sein, weshalb die Mitarbeiter angewiesen waren, „*die jeweiligen sozialen und wirtschaftlichen Zustände zu untersuchen*", die Probleme „*festzustellen*" und für die Verbreitung der „*Ergebnisse*" zu sorgen. (Berichte des Instituts für Gemeinwohl 1, 1897, 4) Das sollte dem zentralen Anliegen des Instituts dienen, ein „*besseres Verständnis und erhöhtes Interesse, insbesondere innerhalb der besitzenden und machthabenden Klassen, für die wirtschaftlichen und sozialen Vorgänge*" zu wecken. (Wachsmuth, Gründung, 8)

Dieser aufklärerische Arbeitsauftrag war weitreichend und ambitioniert und bezog – zumindest in der Idee – die Unternehmer, leitende Angestellte in den großen Konzernen sowie alle mit der Sozialreform befassten Menschen mit ein. Sie sollten sich mit sozialen Ideen und Tatsachen, besonders den Lebensverhältnissen der Arbeiter vertraut machen, während Verwaltungsbeamte die wirtschaftliche Seite des Problems, den „*Wirklichkeitssinn*" erlernen sollten. Merton hat mit diesem anspruchsvollen Programm ein zentrales Element in der öffentlichen und privaten Fürsorge eingeführt: die Professionalität.

„*Gegenüber der Regellosigkeit und Stümperhaftigkeit*" der vorhandenen Initiativen sollte das soziale Handeln „*auf geschulte Fachleute*" übertragen und das ganze „*Geschäft*", für das „*in den vorangegangenen Jahrhunderten der gesunde Menschenverstand und das gute Herz allein auszureichen schienen*", professionalisiert werden – und zwar durch „*staats- und volkswirtschaftlich gebildete Persönlichkeiten.*" (ISG, Stiftungsabteilung 219, Bl. 16) Dabei sollte kein Feld der gemeinnützigen Tätigkeit, keine Wohlfahrtsbestrebung außer Acht gelassen werden. Die Liste, die er konkret aufstellte, geriet entsprechend lang. Zu berücksichtigen seien die Vereinigungen der Armen- und Krankenpflege, der Erziehung verwahrloster Kinder, der gemeinnützigen Bauunternehmungen und das weite Spektrum ähnlicher Wohlfahrtsbestrebungen. Um einen sicheren Grund für die soziale Praxis zu erreichen, sollte zudem die soziale Lage der betroffenen Schichten untersucht werden. Allein von akademischen Studien hielt Merton allerdings nicht viel. Er legte größten Wert auf die praktische Nähe und Verwertbarkeit der Ergebnisse. Das Ganze sollte zudem „*frei von irgendeinem Partei- und Confessionsstandpunkt*" erfolgen. Von Fall zu Fall sollte das Institut „*selbst gemeinnützige Anstalten*" gründen. (Zit. n. Achinger, Wilhelm Merton, 103 f. und 122)

Philipp Stein, Sekretär für das Institut für Gemeinwohl und später die „rechte Hand" Mertons.

Mit der festen Absicht, den Dilettantismus auf dem Gebiet der Wohlfahrt zu beseitigen, schritt Merton ab 1890 zur Organisation. Er baute seine sozialen Unternehmungen, allen voran das Institut für

Christian Jasper Klumker, Geschäftsführer der Centrale für private Fürsorge.

Gemeinwohl, nach dem Muster seines Konzerns auf. Alle Institute, die er gründete, verfügten über eine Geschäftsordnung und ein Sekretariat. Wie ein Unternehmer suchte er sich seine Mitarbeiter selbst aus. Zu seiner ersten Wahl gehörte kein Geringerer als Max Weber, den er zum Direktor seines Instituts berufen wollte. Der zeigte sich auch interessiert und entschloss sich nur zögernd zur Absage. Das machte den Weg frei für *„radikal gesinnte, aber fleißige“* junge Akademiker. Im Einzelnen handelte es sich um Ignaz Jastrow, Nathanael Brückner, Karl von Mangoldt, Wilhelm Roth, der später die Auskunftsstelle für Arbeiterangelegenheiten übernahm, Peter Schnellbach, der das Büro für Armenwesen verwaltete, Leopold von Wiese und Christian Jasper Klumker, die der provisorischen Abteilung für Armenpflege und Wohltätigkeit in Berlin vorstanden. Außerdem verpflichtete er im Sinne seiner weiter gehenden Forschungsziele den Privatgelehrten Andreas Voigt als Gründungsbeauftragten und späteren Geschäftsführer für das Institut und stellte ihm Philipp Stein als Sekretär zur Seite. Nicht Voigt, sondern Stein sollte sich in den folgenden Jahren zum bedeutendsten Mitarbeiter des Instituts und zur rechten Hand Mertons entwickeln. Mit Hilfe von Franz Adickes, Oberbürgermeister Frankfurts in dieser Zeit, erlangte Stein später sogar ein Stadtratsmandat und wirkte auf diese Weise als „Sprachrohr“ Mertons im Magistrat. Auch erlangte er eine Professur an der Akademie für Sozial- und Handelswissenschaften und später an der Frankfurter Universität. Leopold von Wiese dagegen konnte Mertons Wunsch nach theoretisch gebildeten Praktikern nicht entsprechen. Der 1887 in Schlesien geborene von Wiese hatte Rechtswissenschaft und Volkswirtschaftslehre an der Universität Berlin studiert und war 1902 promoviert worden. Frisch von der Universität erlangte er die Stelle eines Wissenschaftlichen Sekretärs am Institut für Gemeinwohl. Er wurde jedoch schon bald von Merton als für die Praxis verloren angesehen. Im Jahr darauf schickte ihn Merton nach Berlin. Die Beweggründe des Firmenlenkers hat Wiese später in einer Festschrift für Merton festgehalten: „*Herr Merton, der sich von mir auf Spaziergängen am Comersee oder im Taunus von Spencer und von Soziologie erzählen ließ, war nunmehr völlig überzeugt, daß ich für die Praxis verloren und nur für die Wissenschaft geboren sei.*“ (Leopold von Wiese, in: Soziales Museum Frankfurt, Wilhelm Merton, 21–27)

Merton schickte ihn deshalb nach Berlin in sein neu gegründetes „Bureau für Sozialpolitik“. Dort habilitierte sich Wiese in

Andreas Voigt, Gründungsbeauftragter und Geschäftsführer für das Institut für Gemeinwohl.

Jahresfrist, ging 1906 nach Posen und danach nach Düsseldorf. 1913 plante er eine Weltreise, die von zahlreichen Empfehlungsschreiben Mertons unterstützt wurde. Er erlangte eine Professur für Soziologie an der Universität Köln und entwickelte sich zu einem bedeutenden Vertreter seines Faches, der insbesondere die Soziologie in der Weimarer Republik prägte. Trotz seiner weitreichenden Unterstützung erblickte Merton in Akademikern wie Wiese in erster Linie „*Doktrinäre und weltunkluge Ideologen*". (Zit. n. Achinger, Wilhelm Merton, 285) Weil Merton immer wieder Theoretiker wie ihn in seinen praxisorientierten Einrichtungen aussortierte, kamen nach 1900 noch eine ganze Reihe neuer Namen ins Spiel.

Die Personalkosten dürften einen großen Teil des Stiftungskapitals in Höhe von 500.000 Mark verschlungen haben, mit denen Merton das Institut als Anschubfinanzierung ausstattete. Nominell zeichneten zwar seine engsten Mitarbeiter Voigt, Roth und Stein jeweils Anteile zwischen 200.000 Mark und 150.000 Mark, doch beglich Merton auch ihre Ausgaben aus seiner Schatulle. Für eine kurze Zeit wollte er das Institut dann aber doch nicht ganz alleine tragen, überführte es 1896 in eine GmbH und erhöhte das Stammkapital auf eine Million Mark. Aus einer Aufstellung der Gesellschafter vom Jahresbeginn 1897 geht hervor, dass Merton tatsächlich nur Anteile in Höhe von 885.000 Mark behielt. Die übrigen verteilten sich auf seine Mitarbeiter Brückner (20.000 Mark), Voigt (20.000 Mark), Jastrow (10.000 Mark), Mangoldt (10.000 Mark), Roth (10.000 Mark), Stein (19.000 Mark) und Schnellbach (5.000 Mark). Außerdem suchte und fand er bei Verwandten und Geschäftsfreunden Unterstützung, die sich mit jeweils 5.000 Mark an seinem Projekt beteiligten. Dabei handelte es sich um keine Unbekannten, sondern um Geschäftspartner und Führungspersönlichkeiten aus seinem Konzern wie Leo

Ellinger, Otto Fellner, Zachary Hochschild, August Ladenburg, Rudolf de Neufville und Paul Rödiger. Ihr Gesamtanteil von 30.000 Mark blieb jedoch marginal. Die Konstruktion bewährte sich nicht, Merton übertrug bereits drei Jahre später ihre Anteile an sich selbst zurück und übernahm wieder alleine die Verantwortung.

Das Institut für Gemeinwohl, in das Merton in den Jahren zwischen 1896 und 1914 fast drei Millionen Mark investierte, entwickelte sich rasch zu einer weltanschaulich neutralen, weit über Frankfurt hinauswirkenden Forschungsstätte, an der über Ursachen und Verhütung der sozialen Missstände geforscht wurde. Sie leistete aber auch individuelle Hilfe. Bereits in einer ersten Bestandsaufnahme der Aufgabenfelder, die Nathanael Brückner in seinem Überblick über die öffentliche und private Fürsorge in Frankfurt vornahm, zählte er eine beeindruckende Liste an Themen auf, mit denen sich das Institut bereits beschäftigt hatte. Im Einzelnen waren das Aufgaben der Kinderpflegschaften, Wohnungsfrage, Kindererziehung, Stipendien für die Berufsausbildung, Kleinkinderschulen, Kinderverschickung, ein Kinderdorf auf der Wegscheide bei Bad Orb, Ferienkolonien, Ferienwanderung, Lehrlingsmisere, Kinderschutzgesetzgebung, Stipendieneinrichtungen, weibliche Berufsausbildung, Ordnungsversuche im Stiftungs- und Vereinswesen, Trennung von Arbeiterfürsorge und Armenpflege, Wohnungsbau, Arbeitsbeschaffung und -vermittlung, Arbeiterkolonien, Sparkassen, Leihhäuser, Alkoholmissbrauch, Konsumfragen, Arbeiterhaushalt, Speiseanstalten, Volksbildung und allgemein Volkswohl. Ebenso brachte das Institut schon nach kurzer Zeit eigene Forschungsprojekte auf den Weg und Philipp Stein trat dabei mit einer eigenen Untersuchung über die Verhältnisse der industriellen Arbeiter im Kreise Höchst hervor.

Doch mehr als das standen die praktischen Seiten der Sozialreform eindeutig im Vordergrund – und das begann ganz direkt mit der Kontaktaufnahme mit denen, die in der sozialen Hierarchie ganz unten standen. Merton verweigerte sich nicht, persönlich Fühlung mit dem Leben der unteren Klassen aufzunehmen. Aus diesem Grund unternahm er selbst Armenbesuche, um durch eigene Anschauung ihre sozialen Bedingungen kennen zu lernen. Ein Vorbild hatte er dabei in Charles Hallgarten, der ja nicht nur reiche Erfahrungen auf dem amerikanischen Kapitalmarkt gesammelt, sondern auch das auf privater Initiative beruhende amerikanische Wohltätigkeitswesen intensiv studiert hatte; und dazu hatte auch gehört, sich selbst ein Bild vom amerikanischen Proletariat und seinen Nöten zu machen. Auf seinen Streifzügen durch die Elendsviertel in New York infizierte er sich mit der Schwindsucht, was ihn zwang, in noch jungen Jahren nach Frankfurt zurückzukehren. Was Hallgarten und er vorexerzierten, das verlangte Merton auch von seinen Mitarbeitern; „*ein jeder dieser Herren*", wie er sich ausdrückte, übernahm deshalb einen speziellen „*Industrie- oder Wirtschaftszweig*", dessen Besonderheiten er bis ins Einzelne aus eigener Erfahrung kennen lernen sollte, um dann als Fachreferent auf diesem Gebiet hervortreten zu können. (Zit. n. Achinger, Wilhelm Merton, 125) Merton wie seine Mitarbeiter folgten und unterstützten die damals höchst populären Berichte über das Leben der Armen und reihten sich in eine öffentliche Diskussion ein, die die Aufmerksamkeit weiter Kreise auf sich zog.

Das Interesse am Pauperismus, an den Wohnverhältnissen in den Elendsquartieren, an der Kinderarbeit, den Arbeitsverhältnissen und überhaupt dem alltäglichen Lebensablauf der Fabrikarbeiter nahm mit der voranschreitenden Industrialisierung zu. Aber erst in der Zeit der Hochindustrialisierung am

Ende des 19. Jahrhunderts erlebte die sozialkritische Literatur mit dem Naturalismus ihren Durchbruch. Mehr noch, kritische Sozialreportagen kamen auf. Eine sensationelle Aufmerksamkeit erregte damals, als sich Merton diesem Feld zuwandte, Paul Göhres Erlebnisbericht „Drei Monate Fabrikarbeiter und Handwerksbursche". Göhre war ein mit Max Weber befreundeter Theologe. Sein bewegtes politisches Leben führte ihn vom Evangelisch-Sozialen Kongreß über den National-Sozialen Verein Friedrich Naumanns schließlich zur Sozialdemokratie. Im Jahre 1890 hatte er sich für drei Monate dem Dasein eines Arbeiters ausgesetzt, um aus eigener Anschauung ihre Lage kennen zu lernen. Er wollte „*die volle Wahrheit über die Gesinnung der arbeitenden Klassen, ihre materiellen Wünsche, ihren geistigen, sittlichen, religiösen Charakter ergründen.*" (Göhre, Drei Monate Fabrikarbeiter, 16)

In seiner Sozialreportage berichtete er in Ausschnitten über den Alltag sächsischer Fabrikarbeiter. Göhre blieb mit seinem Selbsterfahrungsansatz nicht allein. In den folgenden Jahren traten immer mehr sozial engagierte Schriftsteller mit ähnlichen Beispielen hervor. Und mit gutem Grund lässt sich auch die Intention des Instituts für Gemeinwohl in diesen Trend einordnen. Merton als rational und in großen Zusammenhängen denkender Mensch mochte jedoch nicht auf der Stufe der Selbsterfahrung stehenbleiben und suchte deshalb nach einem Organ, in dem über die Erfahrungen und Fortschritte auf dem Feld der sozialen Beziehungen und der Sozialreform berichtet werden konnte. Deshalb kaufte er im Jahre 1892 von dem Sozialdemokraten Heinrich Braun dessen sozialpolitische Zeitschrift, setzte sie unter dem Titel „Blätter für Soziale Praxis" fort und veräußerte dieses Organ Mitte der 1890er Jahre an einen Herausgeberkreis in Berlin, dem unter anderen der frühere Handelsminister Hans-Jörg Freiherr von Berlepsch angehörte, der wiederum aus der aufgekauften Zeitschrift die „Soziale Praxis“ schuf – eine der wichtigsten Zeitschriften für die sozialpolitische Diskussion im wilhelminischen Kaiserreich. Mertons engster Mitarbeiter, Philipp Stein, erinnerte sich später an diese Gründungszeit: „*Im Januar 1893 erschien bereits die erste Nummer der Blätter für Soziale Praxis, die der privaten und der gemeindlichen sozialen Arbeit dienen sollten. Zwei Jahre darauf wurden sie, die inzwischen nach Berlin verlegt worden waren, mit dem damals führenden Organ der allgemeinen Sozialpolitik, dem Sozialpolitischen Zentralblatt, zur Sozialen Praxis verbunden.*“ (Zit. n. Achinger, Wilhelm Merton, 127)

Finanziell hat das Institut für Gemeinwohl die Zeitschrift weiterhin subventioniert. Sie spielte in Mertons Gesamtstrategie eine wichtige Rolle. Er schätzte nicht nur „*die gediegene, besonnene und gerechte Betrachtungsweise*“ in der „Sozialen Praxis“ und sah in ihr nicht nur eine Art Pendant zu seinem Institut, wenn es darum ging, „*soziale und wirtschaftliche Kenntnisse*“ zu verbreiten, sondern die Zeitschrift diente ihm auch als Brücke zur Gesellschaft für Soziale Reform, die 1896 von Berlepsch in Berlin gegründet worden war. Der erste gedruckte Bericht über die Entwicklung des Instituts aus dem Jahre 1897 hob ausdrücklich hervor, dass „*in Bezug auf Arbeiterpolitik und kommunale Sozialpolitik*“ ein „*gemeinsames Vorgehen*“ angestrebt wurde. (Berichte des Instituts für Gemeinwohl 1, 1897, 9) Die Beziehungen intensivierten sich, und sechs Jahre später richtete das Institut für Gemeinwohl ein eigenes Büro für Sozialpolitik in Berlin ein, das als Verbindungsstelle zwischen dem Verein für Sozialpolitik, der Gesellschaft für Sozialreform, der Zeitschrift Soziale Praxis und Mertons Institut dienen sollte. Merton konnte auf diese Weise eine Schlüsselposition besetzen. Zufrieden notierte sein Mitarbeiter Stein: „*Die Wege der*

Arbeit führten hinüber zu den großen Gebieten der staatlichen Sozialpolitik." (Zit. n. Achinger, Wilhelm Merton, 127) Stein täuschte sich nicht, denn das Soziale Büro in Berlin koordinierte damals die Aktivitäten der wichtigsten Persönlichkeiten auf dem weiten Feld der deutschen Sozialreform, also Hans-Jörg Freiherr von Berlepsch, Ernst Francke, Wilhelm Merton und Gustav Schmoller. Faktisch verbanden sich die sozialen Unternehmungen Frankfurts mit den Berliner sozialpolitischen Reformschmieden. „*Das Bureau für Sozialpolitik soll durch das Herstellen einer engeren Verbindung zwischen ihnen der gegenseitigen Förderung der Bestrebungen dienen*", heißt es lapidar dazu im Bericht des Instituts. (Berichte des Instituts für Gemeinwohl 8, 1904, 3)

Das war zweifellos ein großer Schritt für das Institut für Gemeinwohl, das damals schon lange nicht mehr alleine stand. Wie Mertons Konzern immer weiter in die Welt hinausgewachsen war, so breitete sich das Institut in die Welt der sozialen Einrichtungen und Aufgabenfelder aus. Es begründete einen ganzen Schwarm weiterer Vereine und Institutionen, die zum Teil eine reichsweite Bedeutung erlangten. Die Liste der vom Institut für Gemeinwohl initiierten Projekte und Einrichtungen ist lang. Die Gründung von Tochtergesellschaften setzte nahezu zeitgleich mit der Institutsgründung ein. Am Anfang stand die 1891 eröffnete Gesellschaft für Wohlfahrtseinrichtungen, die Kantinen und Volksküchen betreiben sollte. Mertons Initiative hatte Vorbilder in Berlin, wo sehr früh die rasant voranschreitende Industrialisierung neue soziale Probleme aufwarf. Die vorhandenen städtischen Einrichtungen reichten bereits in den 1860er Jahren nicht mehr aus. In diesem Kontext gründete die jüdische Sozialreformerin Lina Morgenstern im Jahre 1866 die Gesellschaft für Berliner Volksküchen. Ihr Beispiel machte Schule.

Die Frankfurter Gründung war weniger eine Reaktion auf allgemeines soziales Elend, sondern reagierte auf die schwieriger werdende Essensversorgung der Arbeiter in den neuen Fabriken, die in speziellen Gewerbegebieten in der Nähe der modernen Verkehrseinrichtungen entstanden und nicht unbedingt dort, wo die Arbeiter wohnten. Die langen Arbeitszeiten und die größer werdenden Distanzen vom Wohnort zur Fabrik ermöglichten es immer weniger Arbeitern, über Mittag nach Hause zu gehen. Als Notlösung brachten Angehörige den Arbeitern das Essen an die Fabriktore. Das war unter Umständen ein zeitraubender Aufwand. Wünschenswert waren deshalb preiswerte Essensmöglichkeiten vor Ort. Die Gesellschaft für Wohlfahrtseinrichtung, die von Merton in Form einer Aktiengesellschaft errichtet worden war, übernahm Speiseanstalten und Kaffeehallen des Deutschen Vereins beziehungsweise seines lokalen Bezirksvereins, um hier Abhilfe zu schaffen. Sie eröffnete in den folgenden Jahren Essensausgabestellen, Kantinen und öffentliche Speisehallen, bis die großen Fabriken dazu übergingen, eigene Kantinen einzurichten. Nachdem sie fast zwei Jahrzehnte existiert hatte, wurde sie 1909 in eine Gesellschaft mit beschränkter Haftung umgewandelt, an der sich das Institut für Gemeinwohl mit 102.000 Mark, Charles Hallgarten mit 30.000 Mark und Eugen Lucius von Hoechst mit 10.000 Mark sowie eine ganze Reihe von Unternehmern mit kleineren Beträgen beteiligten. Als Geschäftsführer der Gesellschaft wirkten Christian Jasper Klumker und Philipp Stein. Sie verwalteten kurz vor dem Ersten Weltkrieg ein kleines Imperium von immerhin 35 Betrieben.

Der Gesellschaft für Wohlfahrtseinrichtungen folgten 1895 die Arbeitsvermittlungsstelle und in Kooperation mit ihr die im gleichen Jahr eingerichtete Rechtsauskunftsstelle.

Beide dienten ebenfalls vor allem der praktischen Sozialarbeit, vermittelten Stellen oder erteilten den Arbeitern Auskunft in Rechtsfragen. Wie bei der Essensversorgung bestand auch bei der Arbeitsvermittlung am Ende des 19. Jahrhunderts ein Handlungsbedarf. Zum einen wälzte sich der Arbeitsmarkt rasant um und zum anderen bereiteten die hohen Fluktuationsraten der Arbeitskräfte den Unternehmen große Probleme. Diese Mängel vor Augen rief der preußische Staat im Zuge der Berlep'schen Sozialreformen 1894 dazu auf, auf örtlicher Ebene öffentliche Arbeitsvermittlungsstellen einzurichten. Der Appell an die Tarifparteien und Gemeindevertreter fiel auf fruchtbaren Boden. Die vom Institut für Gemeinwohl initiierte Arbeitsvermittlungsstelle führte in Frankfurt unter kommunaler Regie das für die damalige Zeit fortgeschrittenste System einer paritätisch zusammengesetzten Aufsichtskommission ein, die aus den Arbeitgeber- und Arbeitnehmervertretern des Gewerbegerichts gewählt wurde. Sie gab damit ein Beispiel, dem nach 1900 immer mehr Arbeitsvermittlungsstellen folgten. Man erhoffte sich von derartigen Einrichtungen einen Beitrag zum sozialen Frieden, die Milderung saisonaler Arbeitslosenwellen und vor allem die Einbindung von Arbeitgebern und Arbeitnehmern in eine gemeinsame Organisation unter Leitung der kommunalen Behörden.

Ein weiteres Feld sozialreformerischer Aktivitäten öffnete sich mit dem neu entstandenen Sozialrecht. Es gab einen immer größeren Informationsbedarf über die neuen Möglichkeiten der Arbeiterversicherung und des Arbeitsschutzes, denn die mit der Bismarck'schen Sozialgesetzgebung in den 1880er Jahren verbundenen großen sozialpolitischen Reformen hatten die Gesetze, Verordnungen und statuarischen Bestimmungen drastisch vermehrt, ohne zu berücksichtigen, wie die Arbeiter als Adressaten der Reformen aus der Informationsflut und den unzähligen Paragraphen der Gesetzestexte Nutzen ziehen sollten.

Die aus dem Informationsdefizit resultierende Benachteiligung beunruhigte die Arbeiter auch deshalb, weil sich in vielen Bereichen des alltäglichen Lebens der Umbruch zur „Rechtsstaatlichkeit" gerade erst vollzog und die entsprechenden Instrumente der Rechtsberatung und Rechtsvertretung erst im Entstehen begriffen waren. Am wenigsten zufriedenstellend präsentierte sich die Lage auf dem Gebiet des sozialen Rechts, mit dem sich – nicht zuletzt aufgrund vielfacher Zahlungsunfähigkeit der Arbeiter – kaum ein Rechtsanwalt auskannte. Merton trug dem Rechnung und zielte mit seiner zusammen mit der Arbeitsvermittlungsstelle geplanten „Auskunftsstelle für Arbeiterangelegenheiten" auf ein zentrales Anliegen der Arbeiter und traf tatsächlich einen wunden Punkt in den Sozialbeziehungen. Explizit hieß es im ersten Rechenschaftsbericht seiner Auskunftsstelle: „*Die Auskunftstelle verfolgt den Zweck, in Arbeiterangelegenheiten, insbesondere über Kranken-, Unfall- und Invaliditäts-Versicherung, sowie über Arbeiterschutz und Fabrikinspectorat, unentgeltlich Rat und Auskunft zu erteilen. Berechtigt, aber nicht verpflichtet ist die Auskunftstelle zur Erteilung von Auskunft in Heimats- und Armensachen und Mietstreitigkeiten.*" (Berichte des Instituts für Gemeinwohl 1, 1897, 18)

Es spricht für Merton und für seine Einsicht in die sozialen Beziehungen, dass er genau wusste, warum er sein Institut gerade in dieser Richtung ausweitete und gerade hier praktische Erfahrungen sammeln wollte. Aufgabe seiner Auskunftsstelle war es, ratsuchende Arbeiter über die zahlreichen neuen Gesetze und Rechtsgebiete aufzuklären, sie über ihre Rechte und Ansprüche zu informieren und komplizierte Sachverhalte vorab zu klären. Die Auskunftsstelle bewährte sich. Sie setzte den Arbeitern meist Behördenschreiben auf oder schrieb selbst an den zuständigen Beamten, holte Informationen und Rechtsauskunft ein. Auf welchen Feldern beraten wurde, hielten die Berichte der Auskunftsstelle in tabellarischer Form akribisch fest. Wollte sie sich anfangs auf Arbeiter- und Sozialversicherungsfragen konzentrieren, so weitete sie ihre Beratungspraxis doch bald auch auf Fragen des Heimatrechts, von „Armensachen" und Mietstreitigkeiten aus und gab ebenfalls Auskunft bei allgemeinen Rechtssachen. Die Schwerpunkte treten deutlich hervor. Mehr als ein Drittel der Fälle – um die 800 von 2.200 – bezog sich auf Streitigkeiten über die Gewerbeordnung. Umstritten waren auf diesem Gebiet vor allem Beginn und Ende des Arbeitsverhältnisses oder Lohnfragen. In Einzelfällen kamen auch Begutachtungen zu bestehenden Fabrikordnungen hinzu.

Der Versuch, mit den Gewerkschaften auf diesem Gebiet zusammenzuarbeiten, gestaltete sich zum großen Bedauern von Wilhelm Merton schwierig. Statt mit der Auskunftsstelle zu kooperieren, richteten die Verbände vor Ort 1899 ein Gewerkschaftskartell ein, schufen ein Arbeitersekretariat mit einem hauptamtlichen Arbeitersekretär, der genau die gleiche Dienstleistung anbot, wie Merton sie mit der Auskunftsstelle bereits geschaffen hatte. Da der Informationsbedarf sehr groß war, belebte die Konkurrenz das Geschäft. Die Auskunftsstelle bestand bis ins Jahr 1903 selbständig fort und wurde dann in das Soziale Museum – eine weitere Schöpfung Mertons – integriert.

Zuvor hatte sich bereits im Jahre 1897 der Verein zur Förderung des Arbeiterwohnungswesens gegründet. Er ging aus dem Referat Wohnungswesen des Instituts unter der Leitung von Karl von Mangoldt hervor und schloss sich 1899 als selbständige Einrichtung dem Institut an. Ziel seiner Aktivitäten war es, die zahlreichen Frankfurter Wohnungsbaugesellschaften in einer Dachorganisation zusammenzufassen. Das fügte sich gut in die zahlreichen Aktivitäten anderer Philanthropen ein wie etwa die Aktienbaugesellschaft von Charles Hallgarten.

Nach allen diesen Neugründungen durch das Institut und zahlreichen Kooperationen, Projekten und Angeboten entstand kurz vor der Jahrhundertwende noch ein größeres Institut – die Centrale für private Fürsorge. Die Centrale hatte gleich mehrere Aufgabensetzungen. Zum einen sollte sie zwischen den zahlreichen Vereinen und Stiftungen, die sich auf dem Feld der Sozialreform tummelten, vermitteln, den Überblick herstellen, gemeinsame Projekte koordinieren und besondere Dienstleistungen anbieten. Wenn Merton von Zusammenarbeit, Vermittlung und Kooperation der Hilfsvereine sprach, dachte er vor allem an eine Art Prüfstelle, die

Sitz der Centrale für private Fürsorge im ehemaligen Bürgerhospital in der Stiftstraße 30.

zwischen den Nachfragern und Anbietern von sozialen Hilfsmaßnahmen vermitteln sollte. Genau diese Funktion sollte die Centrale übernehmen. Sie sollte explizit „*kein Unterstützungsverein sein. Man will fremde Mittel ausgeben, die der ‚Centrale‘ für einzelne Bedürftige überwiesen werden, und nur ihre Verwendung überwachen*“ und „*andere Vereine zur Mitwirkung heranziehen.*“ Zum anderen sollte die Centrale qualifiziertes Personal – wir würden heute „Sozialarbeiter“ oder „Sozialpädagogen“ dazu sagen – ausbilden. Das resultierte aus der Einsicht, „*daß man nur mit geschulten Kräften die heutigen Aufgaben bewältigen könne*“. Da aber eine spezielle Einrichtung für die Ausbildung solcher Kräfte fehlte, sollte die Centrale auch „*als Ausbildungsanstalt für Fürsorgearbeit, sowohl für die freie wie für die öffentliche Armenpflege*“, wirken. (Achinger, Wilhelm Merton, 167 ff.)

Ihre erste Generalversammlung fand am 4. März 1899 im Sitzungssaal der Polytechnischen Gesellschaft statt. Wilhelm Mertons Freund Charles L. Hallgarten leitete diese Versammlung und gab als Erstes bekannt, wie erfolgreich die Initiatoren mit ihrer Idee gewesen waren, für die sie fast 80 Mitstreiter begeistern konnten. Darunter befanden sich der Gründer der Hoechst AG Eugen Lucius, die Bankiers Alexander Hauck und Georg Speyer sowie der Sohn des einstigen Oberbürgermeisters und „Champagnerbaron des Deutschen Reichs“ Peter Arnold Mumm von Schwarzenstein.

Um arme Leute hat es sich nicht gehandelt. Viele übernahmen auch ein Mandat als Mitglieder des Aufsichtsrats. Außerdem konstituierte sich noch ein wissenschaftlicher Beirat, der später auch der Beitrat der Akademie für Sozial- und Handelswissenschaften werden sollte. Er versammelte mit Lujo Brentano, Karl Bücher, Georg Friedrich Knapp, August Schmoller, Max Sering und Max Weber sowie dem Geheimen

Oberregierungsrat Prof. Dr. J. Post bedeutende Persönlichkeiten aus dem Kreis der Kathedersozialisten. Als Geschäftsführer wählte Merton Christian Jasper Klumker aus, der enge Verbindung zum Institut für Gemeinwohl hielt. Später übernahm Wilhelm Polligkeit die Führung. Aber Klumker stand für die Anfangsjahre, für die strategische Ausrichtung und konzeptionelle Ausgestaltung.

Die Centrale hat 1900 die Arbeit aufgenommen. Sie begann Hilfs- und Bittgesuche zu sammeln, untersuchte sie auf Grundlage ihrer Akten, von denen sie bald viele Tausende angelegt hatte, auf ihre Stichhaltigkeit. Im Anschluss daran beriet ein Ausschuss darüber, welchen Gesuchen stattgegeben werden sollte. Erst dann vermittelte die Centrale die ihr überwiesenen Gelder an die zu Unterstützenden. Schon im ersten Jahr gingen an die 3.000 Hilfsgesuche ein. Später steigerte sich die Zahl auf 5.000 bis 6.000 pro Jahr. Die Centrale vermittelte Hilfe, wo sie konnte, und gab dafür in den ersten beiden Jahren rund 100.000 Mark aus. Die Mitarbeiter suchten die richtige Form des Umgangs mit hilfsbedürftigen Menschen. Dazu gehörten Besuche bei den Bittstellern, Verhandlungen mit Vereinen, die als Geldgeber oder Spender in Betracht kamen, und die Einschaltung von Verwandten, Vorgesetzten und Gläubigern. Weiterhin suchte die Centrale die Zusammenarbeit mit anderen Vereinen und initiierte dafür auch spezielle Projekte.

Mit den bis jetzt vorgestellten Einrichtungen war der Aufbau von Mertons „sozialem Konzern" noch nicht abgeschlossen. Vier Jahre nach der Centrale für private Fürsorge eröffnete er das Soziale Museum. Der Name „Museum" ist aktiv zu verstehen. Keinesfalls schwebte Merton eine Sammlung toter Dinge vor. Im Gegenteil, wie sein Vorläufer, die Auskunftsstelle für Arbeiterangelegenheiten, war auch das Soziale

Museum vor allem als eine Anlaufstelle für Ratsuchende gedacht. Zu ihren engeren Aufgabenstellungen gehörte allerdings ebenfalls die Sammlung von Materialien und Unterlagen aller Art zu dem Themenfeld Sozialpolitik und Sozialreform. Ähnlich wie die Centrale bot auch das Museum Organisationshilfen für die vielfältigen Bestrebungen auf diesem Gebiet an und auch die neue Einrichtung legte allergrößten Wert auf qualifiziertes Personal. Hier brach wieder ganz deutlich Mertons Herangehen an die Soziale Frage durch: Professionalität statt Ehrenamt und Dilettantismus. Dies zog sich wie ein roter Faden durch alle seine Gründungen. Dazu passte, dass innerhalb des Museum ein sogenanntes „Soziales Archiv" mit einer Abteilung zur Erarbeitung von sozialen Anschauungsmaterialien aufgebaut, eine Soziale Auskunftsstelle errichtet, die Rechtsauskunftsstelle fortgeführt und den verschiedenen gemeinnützigen Vereinen angeboten wurde, die Organisationsarbeit zu übernehmen. Dass im Sozialen Museum noch einmal alle Elemente der vorherigen Gründungen aufscheinen, hatte seinen Grund. Im Sozialen Museum wollte Merton nämlich seine vielfältigen und mittlerweile unübersichtlich gewordenen Aktivitäten bündeln. Die vier Unterabteilungen – Soziales Archiv, Soziale Auskunftsstelle, Rechtsauskunftsstelle und Geschichte der gemeinnützigen Vereine – sollten Ordnung in den Konzern bringen. Hier zeigt sich eine auffallende Parallele zum global agierenden Wirtschaftskonzern Mertons, den er immer wieder mit neuen übergreifenden Unternehmensgründungen zu stabilisieren suchte.

Auch das Soziale Museum brachte die Gründungsphase schnell hinter sich. Aus den ersten Anfängen entwickelte sich bald eine Großorganisation mit fast 50 Mitarbeitern und einem Vorstand, der aus Adolf Heraeus, Charles Hallgarten, Wilhelm Merton und Philipp Stein bestand. Das Soziale

Museum konnte es mit den Senckenbergischen Instituten, der bis dahin größten Stiftung in Frankfurt, durchaus aufnehmen. Stein und Hallgarten sorgten für eine spezifische Profilierung der neuen Organisation. Stärker als die vorherigen Organisationen setzte sie sich für das gemeinnützige Wohnungswesen ein. Bei Charles Hallgarten lag dies nahe, hatte er sich doch wie kaum ein anderer Sozialreformer Frankfurts für den gemeinnützigen Wohnungsbau engagiert.

Sozialer Wohnungsbau in Frankfurt um 1900. Bauprojekt der Aktienbaugesellschaft in der Hallgartenstraße.

Ein zweites Feld, auf dem das Museum im Vergleich zum Institut oder der Centrale seine Aktivitäten deutlich steigerte, bildete das Genossenschaftswesen. Auch in diesem Bereich war Stein aktiv. Später, als Professor an der neuen Universität, hat er sogar ein Institut für Genossenschaftswesen gegründet. Sein Assistent Ernst Cahn, der mehrere Schriften zu den Frankfurter Wohnverhältnissen verfasst hat, engagierte sich ebenfalls in der Genossenschaftsbewegung und gründete unter anderem eine große Kohleneinkaufsgenossenschaft. Stein setzte große Hoffnungen auf die Genossenschaften und traute ihnen zu, die Sozialbeziehungen nachhaltig zu beeinflussen. „*Die Genossenschaftsbewegung befindet sich zur Zeit im wirbelnden Flusse (...). Die Arbeiter haben nach langem kühlem Abwarten dem Genossenschaftswesen wieder ihr lebhaftes Interesse zugewandt, nicht wenige sehen in der wirtschaftlichen Organisation den dritten grossen Weg neben dem politischen und gewerkschaftlichen, zur Emanzipation der Arbeiterklasse, zur Schaffung eines neuen sozialen Aufbaues der Gesellschaft.*“ (Berichte des Instituts für Gemeinwohl 6, 1902, 3 f.)

Damit überschätzte Stein die Bedeutung der Genossenschaften. Die Bewegung befand sich um 1900 auf dem absteigenden Ast und hatte die Blütezeit in den 1860er Jahren längst hinter sich gelassen, auch wenn die Gewerkschaften später noch große genossenschaftliche Unternehmen hervorbringen sollten. Die Idee der Genossenschaften, und zwar insbesondere in Form der Konsumgenossenschaften, blieb allerdings noch lange Zeit in der Arbeiterbewegung virulent. Derartige Genossenschaften, die als „Konsum“ mit zahlreichen Filialen bekannt wurden, halfen den Arbeitern ihre Lebenshaltungskosten zu senken, indem sie den Zwischenhandel ausschalteten und Lebensmittel und andere Güter für den täglichen Bedarf billiger anbieten konnten. Da die durchweg geringen Löhne sich in der Nähe des Existenzminimums bewegten, trugen die Konsumgenossenschaften dazu bei, dass die Arbeiterhaushalte über die Runden kamen. Indem sie mit ihren Mitteln die Not linderten, wurden sie auch für Sozialreformer interessant und damit auch für Mertons Mitarbeiter.

Aber natürlich hatte das Soziale Museum nicht nur Wohnungsbau und Genossenschaftswesen im Blick. Es kümmerte sich „*als stiller Ratgeber*" um jede Notlage, die die Benachteiligten der Gesellschaft drückte. Das reichte von Missständen bei der Ausbildung von Lehrlingen im Handwerk über den Rat bei neuen Vertragsformen für kaufmännische Angestellte oder bei der Abfassung der Statuten von Krankenkassen bis zur Einrichtung von Walderholungsstätten, Einzelheiten der Unfallversicherung oder Maßnahmen, um die Überlegenheit des Hausbesitzers zu mildern. Auf diesem Weg beseitigte das Soziale Museum zahlreiche Hemmnisse, die der weiteren Entwicklung der praktischen Sozialarbeit im Wege standen. Überall lieferte es gemäß seinem programmatischen Auftrag „*Wir helfen, aber wir führen nicht*" Anregung, Anleitung, Begutachtung und sonstige Unterstützung und hatte sich vor dem Ersten Weltkrieg zu einem allgemein anerkannten sozialpolitischen Büro entwickelt. (Berichte des Instituts für Gemeinwohl 8, 1904, Anlage II, 20)

Doch auch damit war der Konzernaufbau noch nicht abgeschlossen. Neben Arbeits- und Sozialrecht, Wohnungsbau, Unterstützungsgenossenschaften, Sozialfürsorge und Wohlfahrt fehlte Merton noch das Gebiet des Unfallschutzes oder besser der wissenschaftlichen Durchdringung der Gefahren des modernen industriellen Arbeitsprozesses. Dafür schuf er in den Jahren 1908 und 1913 das Institut für Gewerbehygiene und das Institut für Arbeitsphysiologie. In beiden Fällen ging es um gesundheitliche Gefahren am Arbeitsplatz beziehungsweise um Unfallschutz. Wie mit seinen vorherigen Gründungen beschritt Merton hier Neuland, und so fanden auch diese beiden Ergänzungen des Instituts für Gemeinwohl großen Beifall. Merton hatte keine Mühe, Mitstreiter für den Großen Rat, das oberste Gremium der Institute, zu finden. Oberbürgermeister Franz Adickes trat bei und viele der näheren Freunde Mertons, wie Fritz Roessler, der Sohn von Heinrich Roessler. Dazu kam eine ganze Reihe von korporativen Mitgliedschaften. Zu nennen sind hier die BASF aus dem fernen Ludwigshafen und eine ganze Reihe weiterer Chemieunternehmen aus dem weiteren Frankfurter Raum. Der Große Rat des Instituts wählte neben anderen Wilhelm Merton und Eugen Hartmann in den Vorstand. Die Institute wurden von Merton mit einem Stammkapital von 100.000 Mark ausgestattet und im Gebäude der Akademie, neben den Büros des Instituts für Gemeinwohl und des Sozialen Museums, unterge-

Sitz des Instituts für Gemeinwohl von 1891 bis 1901 in einem Haus der Mertons im Kettenhofweg 27.

bracht. Aus dem Institut für Gewerbehygiene ging später die Deutsche Gesellschaft für Arbeitsschutz hervor.

Auf diese Weise wuchs neben dem Konzern der Metallgesellschaft ein sozialer Konzern empor. Das von Merton geschaffene Konglomerat an Vereinen und Instituten verknüpfte nicht nur zahlreiche Problemfelder der Sozialreform miteinander, sondern es verband überdies bürgerliche Sozialreformer mit christlichen und sozialdemokratischen Arbeiterorganisationen. Die Unternehmungen Mertons waren in ihrer Breite ohne Parallele in der Geschichte der Privatwohltätigkeit in Deutschland. Merton hat sich für den Beitrag, den er zur Lösung der sozialen Frage leisten wollte, viel Zeit genommen. Er hat alles gelesen, was die Vorstände seines vielgliedrigen sozialen Konzerns an Berichten und Memoranden hervorbrachten, und er hat seine Institute mit Hilfe der Berichte effizient kontrolliert. Die Jahre zwischen 1890 und 1915 waren für ihn entscheidende Jahre. Jeden Morgen führte ihn der Weg erst zu seiner Villa am Kettenhofweg – jedenfalls solange das Institut für Gemeinwohl dort untergebracht war –, bevor er sein Büro im Konzernsitz der Metallgesellschaft in der Bockenheimer Landstraße aufsuchte. Die Arbeit hat sich gelohnt. Merton setzte auch in der Sozialpolitik Maßstäbe. Auch wenn er sich nicht besonders für die politischen Rechte der wirtschaftlich Abhängigen einsetzte, entwickelte er doch soziale Reformvorstellungen, die über die patriarchalischen Betriebsverfassungen im Kaiserreich weit hinausgingen und moderne Elemente wie Schutz der Arbeitskraft, Tarifverträge, Schlichtungsinstanzen enthielten. Vor allem aber ging es immer wieder um Rat und um die Erschließung der vorhandenen Ressourcen und um professionelle Behandlung der Klientel sowie die wissenschaftliche Durchdringung der Leiden der sozialen Unterschichten auf den Feldern: Arbeit, Wohnen, Gesundheit, Erziehung und Selbsthilfe sowie Linderung der materiellen Not.

War Merton deshalb ein Sozialpolitiker? Hält man sich an Max Webers Definition eines „Homo politicus", dann war Merton kein Sozialpolitiker gewesen. Er hielt eine strenge Distanz zu Friedrich Naumann und Gustav Schmoller – jedenfalls in politischen Angelegenheiten. Er vermied strikt eine Beteiligung an politischen Vereinigungen und wich Kampfsituationen in politischen Gremien aus. Auf der anderen Seite kooperierte er ganz eng mit der Strömung des sogenannten Kathedersozialismus, Gelehrte an den deutschen Hochschulen, die für sozialpolitische Reformen eintraten, und holte viele ihrer Vertreter in seine Institute oder arbeitete eng mit deren Vereinigungen zusammen. Weiterhin scheute er nicht die Zusammenarbeit mit der Arbeiterbewegung, und zwar sowohl mit den Gewerkschaften als auch mit der Sozialdemokratie vor Ort, machte sich aber keine ihrer politischen Forderungen zu eigen. Er glaubte, die Arbeiter durch Ausdehnung der Mitarbeit an den Selbstverwaltungsorganen und paritätischen Schiedsinstanzen vom Klassenkampfgedanken abbringen zu können. Aber ein Politiker war er deshalb nicht. Wie Charles Hallgarten, Henry Budge und all die anderen großen sozialen Mäzene ist er von seiner Statur her am besten mit dem Arzt Johann Christian Senckenberg, dem größten Stifter Frankfurts im 18. Jahrhundert, zu vergleichen. Er ging davon aus, die Reform der Gesellschaft an den politischen Gremien vorbei im Alleingang voranbringen zu können. Ein gutes Stück weit ist ihm das auch gelungen. Mehr als bemerkenswert ist dabei: Sein Engagement endete nicht mit dem Aufbau seines sozialen Konzerns.

Die geschaffenen Einrichtungen genügten Merton bereits nach wenigen Jahren nicht mehr. Im Zug der von ihm geforderten wissenschaftlichen Durchdringung des Problems suchte er nach dafür noch besser geeigneten Organisationsformen, um diese Aufgabe zu bewältigen. Genau wie bei der permanenten Fortentwicklung seines Konzerns von einer Handelsgesellschaft zu einer Wissensschmiede und einem Technologieunternehmen, das Wissen und Anwendungen rund um den Bereich Metalle generierte, so suchte Merton seit der Gründung des Instituts für Gemeinwohl nach einer Wissensschmiede für die sozialen Probleme der Gesellschaft und drang dabei immer mehr zu den Defiziten der Sozialwissenschaften vor, die er besonders im Bereich der Anwendungen und praktischen Relevanz sah. Deshalb kam ihm die sich um 1897 entwickelnde Diskussion um eine Hochschule für Frankfurt gerade recht. Die Zeit war günstig.

V. Auf dem Weg zur Universität – *„… daß unsere Gewerbetreibenden sozial, unsere Sozialpolitiker ökonomisch denken lernen“*

Frankfurt hatte den Übergang von einer freien Stadtrepublik zu einer preußischen Provinzstadt ohne alle zentralörtlichen Funktionen ausgesprochen erfolgreich bewältigt. Seine Stellung als wichtiger Verkehrsknoten konnte nicht nur gewahrt, sondern sogar bedeutend ausgebaut und seine wirtschaftliche Basis als Handels- und Bankenstadt erfolgreich mit dem Aufbau einer modernen und leistungsfähigen Industrie erweitert werden. Zu den begüterten Familien im Handels- und Bankenbereich kamen reiche Fabrikanten der Chemie-, Elektro- und Maschinenbauindustrie hinzu. Der Reichtum dieser wirtschaftlichen Oberschicht bildete die Grundlage für eine spezifische Ausformung der städtischen Bürgerkultur in wilhelminischer Zeit, die sich zwischen 1880 und 1914 durch eine Reihe immer größerer Projekte auszeichnete, mit denen Frankfurt oftmals die öffentliche Aufmerksamkeit im Kaiserreich auf sich zog. Das wohlhabende Frankfurt hatte sich im letzten Drittel des 19. Jahrhunderts für den Wiederaufbau des Doms, für den Ausbau und Erhalt des Palmengartens oder der Verlegung und Erneuerung des Zoos eingesetzt. Viele Mitglieder unterstützten auch die Errichtung des monumentalen Opernhauses oder die Erneuerung bereits vorhandener Kultureinrichtungen wie etwa des Städels. Doch noch häufiger als durch gemeinsames Handeln waren die wohlhabenden Bürger Frankfurts bestrebt, sich ein persönliches Denkmal ihrer öffentlichen Bestrebungen zu setzen, und so gingen aus diesem Kreis von Bürgern die maßgeblichen Stifter des ausgehenden

19. Jahrhunderts hervor. Das ist vor allem deshalb von Bedeutung, weil das Stiftungswesen, getragen von der Flutwelle des wirtschaftlichen Erfolgs, einen großen Aufschwung erlebte. Bereits am Beginn des Jahrhunderts hatte sich gezeigt, welche große Rolle Stiftungen in Frankfurt am Main spielten. Sie halfen, zusammen mit dem Vereinswesen dem Bildungsprogramm der bürgerlichen Aufbruchsbewegung eine feste organisatorische Grundlage zu verschaffen, trugen zu wesentlichen Teilen im sozialen Bereich die Armen-, Kranken-, Waisen- und Altersversorgung und traten gerade im kulturellen Bereich mit überraschenden Innovationen wie Forschungsanstalten, neuen Schultypen und Bildungseinrichtungen und einer großen Zahl neuer Museen hervor – wie sonst vielleicht nur noch in Hamburg.

In den beiden letzten Jahrzehnten vor dem Ersten Weltkrieg entstand ein ganzer Kranz von neuen Stiftungen und Stiftungstypen, darunter ganz früh die erste gemeinnützige Wohnungsbaugesellschaft von Georg Varrentrapp. Ein neues Element im Stiftungswesen waren auch die Betriebsstiftungen, wie etwa die Dr. Arthur-Pfungst-Stiftung. Sie wurde nach dem Tod von Arthur Pfungst, des Inhabers der Naxos-Union Schleifmaschinenfabrik, im Jahre 1912 von seiner Mutter Rosette und seiner Schwester Marie errichtet. Die hinterbliebenen Frauen wollten Pfungsts Idee einer „Akademie des freien Denkens", die der Volksbildung dienen sollte, verwirklichen. Als Stiftungskapital setzten sie das ganze Unternehmen im Werte von mehreren Millionen Mark ein. Von dem erwachten Stifterwillen künden auch die zahlreichen Stiftungen von Mitgliedern der jüdischen Gemeinde, zu denen unter anderen die Stiftungsaktivitäten der Rothschildfamilie zählten. Louise von Rothschild und ihre Tochter Hannah Louise stifteten zum Andenken an Mayer Carl von Rothschild 1887 die Freiherrlich Carl von Rothschild'sche öffentliche Bibliothek und begründeten auch das „Carolinum“ – eine komplette Zahnklinik – sowie das Clementine Kinderhospital.

In diesen Kreis der neuen Stiftungstypen reihten sich auch die von Wilhelm Merton begründeten Institute und Gesellschaften ein. Zusammen mit seinen Institutionen war – wenn man Senckenbergs wissenschaftliche Stiftung von 1763 als Anfang nimmt – seit der Mitte des 18. und im Verlauf des 19. Jahrhunderts ein um viele Bereiche ergänztes und insgesamt stark erweitertes Geflecht von Wissenschafts- und Kunststiftungen entstanden. Damit war der Boden für noch größere Aktivitäten bereitet. Es lag in der Luft, all diese Forschungseinrichtungen zu einem großen Wissenschaftskomplex – zu einer Universität – zusammenzufassen.

Universitätspläne hatte es in der langen Geschichte der Stadt immer wieder gegeben. Zu erinnern ist an die Projekte im 18. Jahrhundert, die mit der Gründung der Dr. Senckenbergischen Stiftung in Zusammenhang standen. Konkretere Gestalt nahmen die Universitätspläne jedoch eigentlich erst am Beginn des 19. Jahrhunderts mit den Reformen Dalbergs an. Doch zogen die Bürger Frankfurts bei seinen weitreichenden Planungen nicht mit. Die nächsten praktischen Versuche folgten erst kurz vor der Revolution von 1848. In Frankfurt standen die Pläne dabei mit der Entstehung von zahlreichen neuen Stiftungen in enger Verbindung, von denen viele einen Bildungsauftrag erhalten hatten und in ihren programmatischen Erklärungen und Zwecksetzungen explizit auf wissenschaftliche Forschungen abzielten. Doch weder der Plan einer Allgemeinen Deutschen Freien Akademie noch das in den 1850er Jahren von Otto Volger projektierte Freie Deutsche Hochstift, das eine Volksakademie zur politischen Bildung einschloss, zogen das Interesse der wohlhabenden Kaufleute und Bankiers auf sich. Da sich keine Geldgeber zur Übernahme der nicht unerheblichen Kosten fanden, verliefen alle Projekte im Sand, bis der Plan im Jahre 1890 wieder zum Leben erweckt wurde. In seiner Denkschrift „Frankfurts Gegenwart und nächste Zukunft" regte der Demokrat Otto Kanngießer erneut die Gründung einer Universität an. Er wies auf die mittlerweile noch zahlreicheren Anstalten und Vereine hin und schlug vor, sie zusammenzufassen. Es dürfe, so meinte er, der mächtige Hebel nicht fehlen, welchen die Pflege von Kunst und Wissenschaft *„genau angepaßt den Bedürfnissen des modernen Lebens*" für die Entwicklung eines städtischen Gemeinwesens darbiete. (Kanngießer, Frankfurts Gegenwart, 56 ff.)

Aus der Idee wurde nun in wenigen Jahren Wirklichkeit, nachdem das Vorbild der neu gegründeten Handelshochschule in Leipzig den Magistrat im Jahre 1896 dazu anregte, im Verein mit der Handelskammer und dem Verein für Volkswirtschaft, ein ähnliches Institut zu errichten. Doch die Idee einer kaufmännischen Hochschule genügte dem damaligen Oberbürgermeister Franz Adickes nicht. Er suchte nach Möglichkeiten, den engen Ansatz der Handelskammer zu erweitern. In Wilhelm Merton fand er den geeigneten Bündnispartner für seine weitreichenden Pläne. Die Initiative nahm deshalb erst Gestalt an, als sie mit den sozialen Bestrebungen Mertons verbunden wurde. Beide trafen sich zusammen mit Henry Oswalt, Mertons Vertrautem im Konzern und Vorsteher der Polytechnischen Gesellschaft, in Mertons Haus, um sich grundsätzlich über die Gestalt einer Frankfurter Hochschule zu verständigen. Adickes und auch Oswalt haben Notizen über dieses Gespräch hinterlassen. Adickes etwa schrieb: *„Ich erinnere mich noch lebhaft des Abends im gastlichen Mertonschen Hause – im Herbst 1897 –, an welchem der Hausherr, Dr. Oswalt, und* *ich in kleinem Kreise alle diese Fragen eingehend erörterten und zu dem Ergebnis kamen, daß Stadt und Institut gemeinsam den Gedanken einer derartigen akademischen Unterrichtsanstalt, etwa unter dem Namen einer Akademie für Sozial- und Handelswissenschaften, ergreifen und zur Ausführung bringen sollten.*" (Adickes, Erinnerungen, 34)

Am 28. Oktober 1897 fasste Merton das Ergebnis in einem Brief an Adickes zusammen, der die Qualität einer Denkschrift hatte. Merton stimmte Adickes zu, dass nicht nur die Kaufmannsinteressen das neue Institut bestimmen dürften. Er schlug vor, die Einrichtung seinen sozialen Aktivitäten zu öffnen und sie um den Bereich der Sozialwissenschaften einschließlich der relevanten Praxisfelder zu erweitern. Ihm schwebten sozialpolitische Kurse für bestimmte Berufsgruppen wie etwa Kommunalbeamte, Juristen, Techniker und Geschäftsleute vor. Merton ging es dabei, wie Philipp Stein überliefert hat, um „*die Herausbildung sozial und wirtschaftlich geschulter Männer, die in ihrem Berufe in erster Linie praktisch, dann aber durch Wort und Schrift daran arbeiten, daß unsere Gewerbetreibenden sozial, unsere Sozialpolitiker ökonomisch denken lernen.*" (Philipp Stein im April 1897 über die Ziele des Instituts. Zit. n. Wachsmuth, Gründung, 8)

Das war für Merton eines der zentralen Anliegen zur Stabilisierung der bürgerlichen Gesellschaft in der Umbruchszeit von Hochkapitalismus und Weltpolitik, und das bestimmte sein weiteres Engagement zur Durchsetzung der hochschulpolitischen Pläne in Frankfurt, die erst einmal nicht auf eine Universität, sondern auf eine Akademie hinausliefen. Deutlich trat dabei Mertons Versuch hervor, die neue Hochschule oder Akademie nach seinen Vorstellungen zu formen. Adickes, der mehr an eine vollständige Universität dachte, fand Mertons Vorschläge immer noch nicht offen genug, sah in ihnen aber einen wichtigen Beitrag, die noch engeren Vorstellungen der Handelskammer aufzubrechen.

An Dynamik gewann das Vorhaben, als der Magistrat eine Kommission einsetzte, der unter anderen der Oberbürgermeister, der Vorsteher des Armenamtes Karl Flesch, der Schuldezernent Otto Grimm sowie der Fabrikant Heinrich Carl Ferdinand Flinsch angehörten. Diese Kommission legte der Stadtverordnetenversammlung am 6. Juni 1899 eine Denkschrift vor, in der sie die Notwendigkeit einer Akademie, damals noch Akademie für Staatswissenschaften und Wirtschaftslehre genannt, umriss. Der Name war rasch vom Tisch. Merton ließ Adickes über Voigt bestellen: „*An dem Namen ‚Akademie für Social- und Handelswissenschaften' möchten wir doch festhalten, weil der Begriff der Socialwissenschaften das ganze von der Akademie zu beherrschende Wissensgebiet besser umfasst als der neuerdings vorgeschlagene Doppelbegriff der Staats- und Wirtschaftswissenschaften, sowie auch mit Rücksicht auf die Kürze des Namens, da die Handelswissenschaften auf Wunsch der Handelskammer unter allen Umständen noch besonders genannt werden sollen.*“ (Schreiben Andreas Voigt an Adickes vom 29. Mai 1899. ISG, Magistratsakte S 1581, Tom I)

Über die Aufgaben waren sich beide Seiten allerdings einig. Die neue Akademie sollte der systematischen Ausbildung von Industriekaufleuten auf der einen Seite und der von Juristen und Verwaltungsfachleuten auf der anderen Seite dienen. Letztere sollten sich dabei auch eingehend mit der sozialen Frage beschäftigen. Die Stadtverordnetenversammlung bewilligte zwar den Zuschuss der Stadt in Höhe von 30.000 Mark anstandslos, doch entbrannte eine heftige Kontroverse um die Erweiterung der Akademie auf das Gebiet der Sozial- und Verwaltungswissenschaft. Sie setzte deshalb eine eigene Kommission ein. Aus diesem Grund sah sich das Institut gezwungen, wenige Tage später eine eigene Denkschrift zu verfassen und diese bei der Magistratskommission einzureichen. In den folgenden beiden Jahren wurde die Diskussion um die Akademie nicht allein von Adickes und dem von Merton beauftragten Andreas Voigt vom Institut für Gemeinwohl vorangetrieben, sondern auch in erheblichem Maße von Merton bestimmt, der sich mit vielen seiner Vorstellungen durchsetzte. Ausschlaggebend waren dabei nicht nur gute Argumente, sondern auch seine Position als bedeutender Finanzier des Unternehmens. Immerhin trat er mit erheblicher organisatorischer Unterstützung und finanzieller Hilfe in Vorleistung und sollte später mit jährlichen Zuschüssen in Höhe von 30.000 Mark fast die Hälfte der für die Akademie benötigten Mittel tragen. Den Rest brachten die Stadt, die Handelskammer und die Polytechnische Gesellschaft auf – alles in allem weitere 40.000 Mark. Der Streit war produktiv. Am 8. Mai 1900, rund ein Jahr nach der heftigen Diskussion in der Stadtverordnetenversammlung, empfahl der Ausschuss die Annahme von Vertrag und Satzung, legte den Namen auf „Akademie für Sozial- und Handelswissenschaften" fest und betonte aus diesem Anlass, dass die zukünftige Akademie *„nicht ausschließlich der Ausbildung von Kaufleuten dienen, sondern bewußt auf eine breitere Basis gestellt werden und allen Berufen offenstehen sollte*." Merton hatte sich mit seiner strategischen Zielsetzung erst einmal durchgesetzt. Am 18. Mai schloss sein Institut für Gemeinwohl einen Vertrag mit der Stadt, in dem die Errichtung der Akademie festgeschrieben wurde. Auf diese Weise kam bereits 1901 die Akademie für Sozial- und Handelswissenschaften zustande, die Kenntnisse auf dem Gebiet der Staatskunde und der Volkswirtschaft verbreiten sollte. Ihr Hauptschwerpunkt sollten die Fragen des *„Grundeigentums und des Wohnungswesens in Städten und in* *städtischen Umgebungen, ferner das Verhältnis von Kapital und Arbeit und ihre Organisationen, endlich die Frage staatlicher und kommunaler Sozialpolitik*" sein. (Wachsmuth, Gründung, 12)

Ein wissenschaftlicher Beirat wurde der Akademie zur Seite gestellt, und der Einfachheit halber griff man auf den wissenschaftlichen Beirat von Mertons Centrale für private Fürsorge zurück, die bereits erwähnten Lujo Brentano, Karl Bücher, Georg Friedrich Knapp, Gustav Schmoller, Max Sering und Max Weber sowie den Geheimen Oberregierungsrat Post. Die Suche nach geeigneten Lehrkräften gestaltete sich weitaus schwieriger. Tatsächlich fand sich keine wissenschaftliche Autorität bereit, den behaglichen Lehrstuhl an einer staatlichen Universität gegen die ungewisse Existenz an einer von Stadt und privater Seite getragenen Akademie, deren Erfolg noch in den Sternen stand, einzutauschen. Diesen Umstand nutzten die wissenschaftlichen Mitarbeiter von Mertons Instituten und beteiligten sich an der Lehre. Ihr Engagement lag auch im wortwörtlichen Sinn nahe, und zwar nicht nur wegen der Vertrautheit mit den sozialen Problemen und der sozialwissenschaftlichen Praxis, sondern auch wegen der räumlichen Nähe. Denn in der Anfangszeit nutzte die Akademie Räume in dem vom Institut für Gemeinwohl für eigene Zwecke gekauften ehemaligen Haus der Unfall- und Glasversicherungs-Gesellschaft in der Börsenstraße, das dem neuen Zweck entsprechend umgebaut wurde, bevor die Akademie dann 1907 ein eigenes Vorlesungsgebäude neben dem neu errichteten Wissenschafts- und Forschungskomplex in Bockenheim bezog, direkt neben den Gebäuden des neuen Senckenberg Museums, der Senckenberg Bibliothek und dem Haus des Physikalischen Vereins. Und auch hier war die räumliche Nähe gegeben, denn das Institut zog mit in das Gebäude ein und belegte das Erd- und Zwischengeschoss im Westflügel.

Im September des Jahres 1900 konstituierte sich der Große Rat als oberstes Verwaltungsgremium der Akademie. Ihm gehörten unter anderen Oberbürgermeister Franz Adickes, Karl Flesch, Heinrich Roessler, Bankdirektor Friedrich Thorwart und der Direktor des städtischen Gymnasiums Julius Ziehen an. Henry Oswalt vertrat die Polytechnische Gesellschaft und das Institut war neben Wilhelm Merton noch mit Eugen Hartmann und Andreas Voigt vertreten. Ein halbes Jahr später kam noch Walther vom Rath als Vertreter der Senckenbergischen Stiftung hinzu. Adickes übernahm den Vorsitz, sein Stellvertreter wurde Merton. Im November und Dezember des Gründungsjahres wie auch im folgenden Jahr waren die Sitzungen des Großen Rats und des Verwaltungsrats von der Aufstellung des Etats und seiner finanziellen Fundierung, der Diskussion um den Lehrkörper und über die zu berufenden Professoren sowie über die künftigen Räumlichkeiten und Grundsatzpapiere geprägt.

Im März 1901 beschloss der Große Rat eine außerordentliche Stelle für Vorlesung, Seminarübungen und Konversationsübung über England und Frankreich sowie die Errichtung eines Handelsmuseums mit Objekten für den Unterricht. Im Oktober wurde seitens der Regierung Professor Heinrich Morf zum Rektor vorgeschlagen und vom Großen Rat bestätigt. Außerdem berichtete Adickes über den Aufbau der Bibliothek und über die Abkommen, die mit der Stadt-Bibliothek und mit der Rothschild-Bibliothek geschlossen worden waren. Dass der Netzwerkgedanke Kanngießers funktionierte, zeigt sich daran, dass sich ab März 1902 auch die Speyer-Stiftung an der Akademie beteiligte. Überhaupt verzeichnete die Akademie eine ganze Reihe von Zustiftungen und Spenden wie die des Physikalischen Vereins, der ab Juni 1902 in reguläre Beziehungen zur Akademie trat. Auch Wilhelm Merton erhöhte seinen Einsatz noch einmal, stiftete im Namen des Instituts für Gemeinwohl einen Lehrstuhl für Volkswirtschaftslehre und Finanzwissenschaft mit besonderer Berücksichtigung der Sozialpolitik, der technischen Ökonomik, des Verkehrswesens und der Verkehrspolitik und stellte sein Haus im Kettenhofweg als Logierhaus für Besucher der Akademie zur Verfügung.

Wilhelm Merton hatte einen maßgeblichen Anteil am Aufbau der Akademie der Sozial- und Handelswissenschaften,

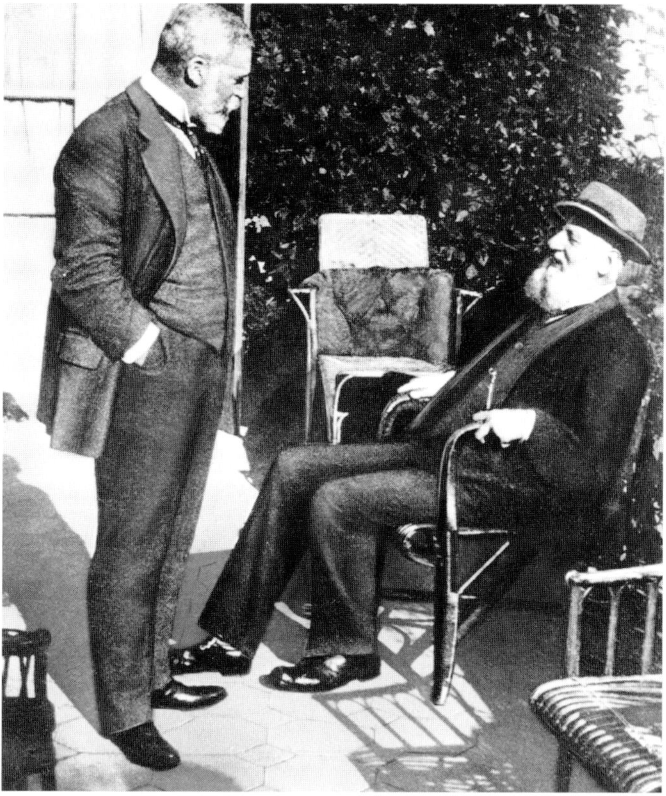

Merton und Adickes in der Villa der Mertons in Tremezzo.

die Urzelle der späteren Frankfurter Stiftungsuniversität. Sein Biograph Hans Achinger geht noch einen Schritt weiter und behauptet, Merton sei ihr „*eigentlicher Schöpfer*“ gewesen. (Achinger, Wilhelm Merton, 199) Das kann bezweifelt werden. Denn warum verzichtete Merton dann auf den Vorsitz im Großen Rat der Akademie und ließ hier Adickes den Vortritt? Warum hat der erfahrene Konzernlenker mit seiner von seinen Untergebenen und Mitarbeitern gefürchteten Kontrollwut, die ihn in allen Teilen seines Konzerns immer den Aufsichtsrats- oder Vorstandsvorsitz übernehmen ließ, hier darauf verzichtet? Die Gründe sind nicht überliefert. Aber ein Grund mag gewesen sein, dass die Akademie im Gegensatz zu seinen Instituten, Vereinen und Unternehmen nicht ihm gehörte, sondern der Öffentlichkeit. So selbstbewusst er auf eigenem Terrain operierte, so zurückhaltend verhielt er sich in der Öffentlichkeit. Ja, man kann sagen, dass Merton die Öffentlichkeit scheute, sobald sie den Rahmen der von ihm geschaffenen Institute und Vereine oder der zwanglosen Geselligkeit überschritt. Nicht zufällig entschied er sich bei der Durchsetzung seiner Vorhaben für die Gründung von Stiftungen, beschritt eben nicht den mühseligen Weg der öffentlichen Diskussion und des politischen Kampfes und stellte sich nicht der Auseinandersetzung in den Gremien und der Vielzahl von Personen mit gegensätzlichen oder doch unterschiedlichen Vorstellungen. Der mühsame Weg der Durchsetzung, der Kompromissbildung, all das hat Merton durch den Aufbau eines eigenen Reichs, also des Instituts für Gemeinwohl und der assoziierten Organisationen, vermieden. Er hatte als Privatmann einen sozialen Konzern aufgebaut, aber nie auch nur ein einziges politisches Mandat ergriffen – nicht einmal auf kommunaler Ebene. Er engagierte sich in keinem der liberalen Vereine – wie viele seiner Mitbürger aus dem Unternehmerlager. Er zog es vor – hier ganz Manager –, die Dinge selbst zu „machen", sich die Mitarbeiter und Persönlichkeiten für seine Projekte selbst zu suchen und ist von der sicheren Basis seiner Initiativen ausgegangen, um dann Kooperationen einzugehen – ganz wie in seiner Geschäftswelt.

An öffentlichen Auftritten hatte Merton kein Interesse. Dieser Charakterzug ist unübersehbar. Er kam nicht einmal zur Eröffnung der Akademie – „seiner" Akademie. Er hat sich stattdessen in seine Landhausvilla in Tremezzo zurückgezogen. Erst von seiner Frau und von Charles Hallgarten erfuhr er von den ihm zugedachten Ehrungen. Emma Merton vertrat ihn bei der Feier und zog an seiner Stelle das Resümee: „*Ich sass mit Dölfchen in der Barckhausstrasse und wanderte dann zu Herrn Dr. Voigt (gemeint ist Andreas Voigt, R. R.), dem ich all Deine Wünsche vortrug. Er schien entsetzt, dass Du nicht zur Feier herkommst, und meinte auch, Adickes werde sehr enttäuscht sein. Ich denke aber, die Herren werden sich mit Würde in's Unvermeidliche finden.*" Direkt nach der Feier schrieb sie: „*Lieber Schatz, noch ganz frisch unter dem Eindruck der wirklich schönen Feier will ich Dir schnell einige Worte senden. Den Verlauf der Feier, die einzelnen Reden etc. liest Du genauer in der Zeitung. Und so beschränke ich mich auf allgemeine Eindrücke etc. Die ganze Sache machte sich sehr feierlich, die vielen besternten Herren, der mit Pflanzen geschmückte Saal, der Gesang stimmten schon sehr erhebend. Adickes sprach schön, kam mir aber erregter vor, als ich ihn je sah, und was er über Dich sagte, machte sich sehr gut. Der Regierungsrath Dr. Stegemann aus Braunschweig überreichte Adickes für Dich die Urkunde als Ehrenmitglied des Deutschen Verbandes für kaufmännisches Unterrichtswesen. Zum Schluss lief ich nicht auf und davon, wie ich vorhatte, sondern liess mir für Dich von ich weiss nicht wie vielen Leuten gratulieren. Bei Adickes bedankte ich mich, dass er so schön Deiner gedachte, und auch dem Braun-*

schweiger Regierungsrath sagte ich einige unpassende Worte. Es wurden mir auch einige Herren vorgestellt, u. a. Minister Möller, der mich beauftragte, Dir zu gratulieren. (…) Den Orden und die Urkunde habe ich nach Hause genommen; nach Tremezzo bringen will ich ihn lieber nicht und schicke Dir inliegend eine Abbildung, die Adolf in einem Buch gefunden hat. Dr. Lucius ist in Frankfurt Dein einziger College dieses Ordens, er hatte ihn heute an, und er machte sich wirklich feudal.“ Und in einem weiteren Brief am darauffolgenden Tag: „*Du weisst vielleicht gar nicht, was der Orden gilt, den du bekommen hast; mir ist die Bedeutung und die Auszeichnung, die Dir damit geworden ist, nun wiederholt klar gemacht worden. Es scheint, dass er nur ca. 20 Mal, andere behaupten sogar nur 12 Mal verliehen worden ist. Also du darfst Dir etwas einbilden.*“ (Emma Merton, Briefe an Wilhelm Merton vom 21. und 22. Oktober 1901, in: Achinger, Wilhelm Merton, 227, 230 f. u. 233)

Warum hat er diesen Erfolg nicht genossen? Immerhin handelte es sich um eine bedeutende Etappe in seinem damals zehnjährigen Engagement für sein großes soziales Anliegen. Vielleicht spielten bereits die Differenzen zu Adickes eine Rolle, denn zweifelsohne bedeutete ihm die Akademie etwas anderes als Adickes. Auf den ersten Blick hatte ihre Kooperation ganz wunderbar funktioniert. Merton nannte Adickes einen „Freudegefährten“. Aber bei genauerem Hinschauen zeigen sich doch große Unterschiede in Sozialisation und Zielsetzung. Für Adickes war die Akademie ein kommunales Projekt wie viele andere, das die Standortqualitäten einer Großstadt im Süden Deutschlands steigern sollte, und er sah sie als eine Brücke hin zu einer richtigen Universität, die nicht zuletzt als Schlussstein sein Wirken als Oberbürgermeister krönen sollte. Für Merton stand dagegen die Akademie in enger Verbindung zu seinem Institut und das Institut wiederum berührte sein Selbstverständnis als Stifter und damit grundsätzliche Entscheidungen, die seinem Leben einen tieferen Sinn gaben. Er hat sich darüber einige Gedanken gemacht: „*In einem blühenden kaufmännischen Unternehmen sei das Vermögen in Zunahme begriffen (...). Für den Leiter wachse mit dem Vermögen auch der Umfang der Aufgaben. Die jüngere Generation aber nehme schon im Knaben- und Jünglingsalter die Vorstellung in sich auf, daß, wenn Vermögen da sei, es selbstverständlich immer größer werde. Dies müsse einen von der Lebensenergie ablenkenden schädlichen Einfluß ausüben (...) Die Entfremdung zwischen Besitzenden und Besitzlosen, die auf unserm Volke laste, werde noch vergrößert und verschärft durch die Vorstellung, daß der Besitz, wenn er einmal da sei, sozusagen einen Anspruch darauf habe, immer größer und größer zu werden. Er freue sich zu genießen, was er besitze, aber mehr als das verlange er von seinem Besitz nicht. Daher habe er sich in jenem Zeitpunkt entschlossen, mit der Vermehrung des Besitzes haltzumachen. Alles, was über einen, wie er hoffe verständigen, Lebensgenuß hinaus ihm zuwachse, werde auf gemeinnützige Zwecke verwendet.*" (Zit. n. Achinger, Wilhelm Merton, 244)

Das war eine großzügige Entscheidung, die sich gut in die große Stiftertradition Frankfurts einfügt. In den unterschiedlichen Persönlichkeitsstrukturen sind wohl die Gründe für seinen Verzicht auf den Vorsitz im Großen Rat zu suchen. Merton hat diese Entscheidung später bitter bereut. Rasch traten die Differenzen zu seinem „Freudegefährten" offen zu Tage. Schon im Juni 1901 beklagte sich Merton, dass die Akademie nicht genug auf die Sozialwissenschaft ausgerichtet sei, vermisste viele seiner Themen im Lehrplan und drohte – hier ganz Konzernlenker – mit drastischen Konsequenzen: „*Hätte ich, anstatt das Institut für Gemeinwohl zwischen mich und die Akademie zu schieben, eine Stiftung gemacht, und wäre sie noch so dumm ausgefallen, oder hätte sie für die Gegenwart, nicht aber für die Zukunft gepaßt – noch nach 300 Jahren hätte die Verwaltung der Stiftung ängstlich darauf gewacht, dass genau nach den Worten des Stifters verfahren werde.*"

Hier war Merton zu optimistisch. Die Erfahrung zeigt, dass es mit dem „ewigen Willen" des Stifters nicht weit her ist. Stiftungen wurden und werden immer wieder umgewidmet, zusammengelegt, vom Staat kassiert und aufgelöst. In Frankfurt kam es gleich mehrmals zu großflächigen Auflösungen von Stiftungen. Doch folgen wir weiter Mertons Klage: „*Dieweil ich aber nicht unter die hochherzigen Stifter gegangen bin, tanzt man mir schon bei Lebzeiten auf der Nase herum und bekümmert sich so wenig wie möglich um meine Wünsche.*"

In dem Lehrplan suchte er vergeblich nach Anhaltspunkten für das, was er als zentrale Aufgabe der Akademie ansah, „*dass Juristen, staatliche und kommunale Verwaltungsbeamte, Politiker, kurz Leute, die im Staats- und Wirtschaftsleben eine leitende oder verwaltende Stellung einnehmen oder einnehmen sollen, in der Akademie ein Organ finden sollen, das bei ihnen Interesse und Verständnis für die sozialen und wirtschaftlichen Bedürfnisse der jeweiligen Gegenwart erweckt, und ihren Blick erweitert.*" (Alle Zitate n. Achinger, Wilhelm Merton, 263)

Das war nicht ganz gerecht, denn es wirkten ja seine Leute an der Akademie. So las im Sommersemester 1902 Andreas Voigt über kommunale Sozialpolitik, Christian Jasper Klumker über Theorien und Systeme der Armenfürsorge mit Besichtigung der Fürsorge-Einrichtungen und Gottlieb Schnapper-Arndt über Bevölkerungslehre. Letzterer bot noch eine sozialwissenschaftliche Übung an. Insgesamt waren dies aber nur vier Veranstaltungen von insgesamt 57, also nicht einmal zehn Prozent. Das war für eine Akademie der Sozial- und Handelswissenschaften dann allerdings etwas zu wenig.

Die beschwichtigende Antwort von Adickes konnte ihn nicht beruhigen. Im Gegenteil, der Streit spitzte sich in den folgenden beiden Jahren zu. Merton fühlte sich benachteiligt und sein Interesse an dem Projekt nicht gewahrt. Das Ganze gipfelt in einem Schreiben vom 3. Januar 1903 an Adickes, in dem Merton zwar Verständnis für das Handeln des Oberbürgermeisters aufbrachte, dass er ihn, Merton, „*schlecht behandele*“, weil er glaube, „*damit der Allgemeinheit zu nützen*“. Doch drohte er unversöhnlich damit, seinen finanziellen Beitrag – die tragende Säule des Unternehmens – zu kappen. (Zit. n. Achinger, Wilhelm Merton, 264–269) Kurz darauf ließ Merton Taten folgen und begann mit dem Rückzug aus seinen Verpflichtungen für die Akademie. Als Erstes traf es das Sekretariat, das bis dahin vom Institut für Gemeinwohl organisiert worden war. Der Rückzug erfolgte nicht überstürzt. Merton unterstützte den Übergang der Verwaltung an die Akademie für weitere drei Jahre mit jeweils 10.000 Mark.

Das Signal war dennoch deutlich. Merton ging noch einen Schritt weiter. Als Konsequenz aus dem anhaltenden Streit gründete er 1902 eine weitere Gesellschaft, die auch als Rückversicherung für den Fall angesehen werden kann, dass es sich nicht vermeiden ließ, aus dem Akademieprojekt auszusteigen. Es handelte sich um die Gesellschaft für wirtschaftliche Ausbildung. Die Gründung bezeichnete er als eine Maßnahme gegen die „*pädagogische Provinz*“. (Achinger, Wilhelm Merton, 197) Sie sollte wirtschaftliche Kenntnisse unter Juristen, Ingenieuren und Chemikern verbreiten, entsprechende Lehrkräfte ausbilden und in diesem Zusammenhang Fortbildungskurse abhalten. Gedacht war sie eigentlich als eine Art Zubringer zur Akademie. So hieß es in Paragraph 2 der Statuten: „*Die Gesellschaft*“ fördert das „*Studium an der Akademie für Sozial- und Handelswissenschaften in Frankfurt am Main*“, und sie vergibt Stipendien *„an Personen, (...) die sich zum Zwecke der Vorbereitung auf die Praxis von Handel und Industrie an der Akademie für Sozial- und Handelswissenschaften in Frankfurt a. M. während 1–2 Semestern Studien widmen.“* (Berichte des Instituts für Gemeinwohl 7, 1903, 49 f.)

Aber sie hätte wohl auch ohne die Akademie funktionieren können. Davon zeugt die erfolgreiche Besetzung des Aufsichtsrats, dem nicht weniger als 201 Personen angehörten und bedeutende Persönlichkeiten des damaligen deutschen Wirtschaftslebens versammelte – darunter Ernst von Borsig, Arthur von Gwinner, Walther vom Rath, Emil Rathenau oder Wilhelm von Siemens. Den Vorstand bildeten wie in vielen anderen Fällen auch Eugen Hartmann, Wilhelm Merton und Philipp Stein.

Es kam nicht zum Bruch. Die Gesellschaft für wirtschaftliche Ausbildung blieb ein Nebenschauplatz, auch wenn sie Mertons Aufmerksamkeit eine Zeit lang stark fesselte und ihn über die Defizite der Akademie hinwegtröstete. Doch mehr als um ihren weiteren Ausbau ging es Merton um mehr Einfluss auf die Akademie, damit seine Intention und sein Interesse an dem Projekt gewahrt blieb und nicht verwässert wurde. Aufgrund des anhaltenden Widerstands von Merton sah sich Adickes gezwungen, nach einer Neuregelung zu suchen. Er trat die Flucht nach vorne an und rückte seinen Universitätsplan wieder in den Mittelpunkt seiner Auseinandersetzung mit dem Großindustriellen. Er hatte im Gegensatz zu Merton und der Handelskammer wohl von Anfang an dem Kanngießer'schen Vorschlag angehangen und eine Universität im Auge gehabt. Nur so machen jedenfalls seine Erweiterungsabsichten um eine philosophische Fakultät einen Sinn, wie er dies bereits am 3. September 1900 in einen Brief an Merton entfaltet hatte: *„C'est plus fort que moi – so fange ich entschuldigend an; aber ich* *bin sicher, dass Sie es richtig würdigen, wenn meine Gedanken immer wieder an der zu begründenden philosophischen Fakultät hängen bleiben, und ich nun ganz geradehin Ihnen die Frage stelle, ob Sie es nicht für möglich halten, Herrn (...) dazu zu bestimmen, dass er der Stadt testamentarisch etwa 1/2 Million vermacht, um als Grundstock oder Beitrag zu einer philosophischen Fakultät in Frankfurt am Main zu dienen. Ich glaube, dass solch' ein erster Schritt von ungeheurer Bedeutung wäre. Unser Universitätswesen leidet mehr und mehr an Verstaatlichung; wenn aber Stiftungsgelder den Vermögensstock der neuen Universität bilden, wird es ganz anders möglich sein, auch anderen Elementen und Kreisen Einfluss auf die Gestaltung des Fakultätsunterrichts etc. zu verschaffen. Der grosse Reichtum, der hier ist, könnte in der Tat das Segensreichste schaffen, wenn er Frankfurt zu einem wissenschaftlichen Centralpunkt des Südwestens machte. Unendlich viel steckt darin. Doch das wissen Sie ja alles.*" (Zit. n. Achinger, Wilhelm Merton, 261)

Kurz darauf fasste Adickes dies in einer Denkschrift zusammen, die er an interessierte Kreise verteilte. Tatsächlich endete die Konfrontation erst, als sich beide entschlossen, die Akademie zu einer Universität auszubauen. Das Bündnis kam nach einer Aussprache im März 1903 zustande. Dabei ging es auch um eine Stärkung der Position der Dozenten vom Institut. Tatsächlich zitiert der Bericht des Instituts von 1904 zustimmend den Bericht des Rektors der Akademie, der die „*fruchtbaren Beziehungen zwischen der Akademie und den Frankfurter Einrichtungen des Instituts*" hervorhob. Weiterhin wurde eine gemeinsame Zukunft in dem geplanten Neubau der Akademie skizziert, der auch – wie erwähnt – Räume für das Institut und für das Soziale Museum vorsah. Ganz bestimmt hielt der Bericht fest: „*Das Institut und das Soziale Museum werden in der Akademie auf das Grundstück der Jügelstiftung an der Viktoria-Allee übersiedeln.*" (Berichte des Instituts für Gemeinwohl 8, 1904, 6)

Es ging bei der Unterredung auch um Mertons konzeptionellen Einfluss. Es ging damit vor allem um seine sozialpolitischen und sozialphilosophischen Anliegen, die er ja nicht einfach als Philanthrop, sondern aus grundsätzlichen Überlegungen zur weiteren Entwicklung der bürgerlichen Gesellschaft mit aller Macht verfolgte. Wenn die Akademie um eine philosophische Fakultät erweitert werden sollte, dann sollte auch die Soziologie eine herausragende Rolle spielen, wenn Geschichte, dann auch Kulturgeschichte und sozialpolitischer Kampf. Wenn auch der Streit um die Gewichtung

Gebäude der Akademie für Sozial- und Handelswissenschaften um 1906. Im Erd- und Zwischengeschoss des Westflügels hatte das Institut für Gemeinwohl seinen Sitz. Ab 1903 zog das Soziale Museum in den dritten Stock ein.

Rektorkette mit Gedenkmedaille Kaiser Wilhelm II. für die Handels- und Sozialwissenschaften zu Frankfurt am Main 1910.

der Fakultäten in dem Großprojekt einer Frankfurter Universität anhielt, so war doch klar, dass es eine in der deutschen Universitätsgeschichte neuartige Universität sein sollte mit einer starken und modernen wirtschafts- und sozialwissenschaftlichen Fakultät. Auf diese Weise begann ab diesem Zeitpunkt der Plan des Oberbürgermeisters – man könnte auch sagen: der Plan Kanngießers und etlicher anderer Vorläufer – Gestalt anzunehmen.

Merton begann den Werbefeldzug für die Hochschule, um den ihn Adickes immer wieder gebeten hatte, und ging mit gutem Vorbild voran. Denn nicht zuletzt der Einsatz von eigenen Mitteln im Umfang von am Ende 2,3 Millionen Mark führten zum Zustandekommen der erforderlichen Stiftungsbeiträge und Spenden. Merton und Adickes standen nicht allein. Wie Kanngießer es sich gewünscht hatte, sperrten sich die Vereine und Stiftungen und viele einzelne Geldgeber – anders als etwa in Hamburg – nicht gegen das kommunale Großprojekt. Es fügte sich günstig, dass die beiden Söhne von Carl Christian Jügel, der noch vor Kanngießer im Jahre 1866 auf die Vorteile einer Universitätsgründung hingewiesen hatte, im Jahre 1901 ihr Vermögen von zwei Millionen Mark der Stadt für soziale und kulturelle Zwecke stifteten. Die Jügelstiftung wurde zur Errichtung eines Vorlesungsgebäudes für die Akademie genutzt. Ein weiterer Impuls kam von der Dr. Senckenbergischen Stiftung und den mit ihr verbundenen naturwissenschaftlichen Vereinen, die allesamt in den Gebäuden an der Eschenheimer Anlage unter Raumnot litten. Aus diesem Grund unterbreitete Oberbürgermeister Adickes 1902 das Angebot, das Bürgerhospital an die Nibelungenallee zu verlegen, die Anatomie mit pathologischem Institut nach Sachsenhausen und ein Gebäude für den Physikalischen Verein sowie das naturwissenschaftliche Museum neben der Akademie mit dem Jügelhaus neu zu bauen. Bereits ein Jahr später waren die Verträge unter Dach und Fach und in nicht einmal vierjähriger Bauzeit der ganze Gebäudekomplex pünktlich zum 200. Geburtstag Senckenbergs errichtet. Es entstanden ein Naturmuseum, ein Gebäude für die Senckenberg-Bibliothek und ein Vorlesungsgebäude mit Sternwarte für den Physikalischen Verein und damit die infrastrukturellen Voraussetzungen für eine naturwissenschaftliche Fakultät. Der dritte Impuls sollte im Ausbau des medizinischen Instituts der Dr. Senckenberg-Stiftung zu einer Akademie für praktische Medizin bestehen. Auch hier kamen zahlreiche Einzelstiftungen besonders von jüdischen Bürgern hinzu, die ein weites Netzwerk bildeten, das nahezu alles abdeckte, was damals für den

Betrieb einer Universität notwendig war. Wohlhabende jüdische Kaufleute und Bankiers schenkten ganze Institute und Spezialbibliotheken. Mit diesen Stiftungen und dem erfolgreichen Werbefeldzug Mertons konnte Oberbürgermeister Adickes es wagen, seinen in dem zitierten Brief an Merton mitgeteilten Plan in die Tat umzusetzen.

Im Jahre 1909 wurde die Denkschrift einer Universitätsgründung mit fünf Fakultäten an das preußische Ministerium geschickt. Merton war zu diesem Zeitpunkt schon lange begeisterter Anhänger von der Erweiterung der Akademie zu einer

Wilhelm Merton an seinem Schreibtisch

Universität und sprach voller Lob von der Denkschrift des Magistrats – und zwar deshalb, weil er seine Interessen an der Universität darin gut aufgehoben sah: „*In der Denkschrift hat mich besonders angenehm berührt, dass auch innerhalb der Universität die Handelshochschule ihren Platz behalten soll, und ich gehe wohl in der Annahme nicht fehl, daß hiermit die Handelshochschule im weiteren Sinne – also die Akademie – gemeint ist, unter Berücksichtigung der Bestrebungen des Instituts für Gemeinwohl, die zur Gründung und weiteren Ausgestaltung der Akademie geführt haben. In der Erhaltung und Ausgestaltung dieser Eigenart würde sich die Frankfurter Universität (...) vor den älteren Universitäten auszeichnen. Da die Akademie nicht selbst innerhalb der Universität fortbestehen kann, so glaube ich, daß die sozial- und handelswissenschaftlichen Fächer am besten mit den volkswirtschaftlichen Disziplinen der Wirtschaftsgeographie – einschliesslich Sozialpolitik – zu einer gesellschafts- und wirtschaftswissenschaftlichen Fakultät zusammengeschlossen werden.*“ (Zit. n. Achinger, Wilhelm Merton, 215 f.)

Das ging natürlich über eine einfache Zustimmung hinaus. Darin schlugen sich Mertons Erwartungen nieder, und er sah dies als einen klaren Auftrag in Hinsicht auf die zukünftige Gestalt der Universität. Später, nach der Gründung und mitten im Krieg hat er dies noch einmal ausdrücklich hervorgehoben: „*Von der Verbindung der Privatwirtschaftslehre und der Handelswissenschaften mit der Volkswirtschaftslehre und den Sozialwissenschaften in einer Fakultät, erwarten wir zugleich eine heilsame Befruchtung und Durchdringung dieser Disziplinen. Kenntnis der sozialen Tatsachen und Ideen gehört heute ebenso notwendig zum Handwerkszeug des Unternehmers und der Beamten in Handels- und Gewerbebetrieben, wie Kenntnis der wirtschaftlichen Tatsachen und Wirklichkeitssinn unerläßlich sind für die sozialen Beamten, sei es, daß sie in dem Dienste freier sozialer Zentralen oder von Arbeiter- oder Unternehmerorganisationen stehen.*“ (Zit. n. Achinger, Wilhelm Merton, 196)

Diese Position bestimmte auch das Zusammenwirken von Merton und Adickes in den Gremien der Akademie, in denen die Universitätspläne ab 1910 konkret diskutiert wurden. Der Große Rat wie auch Mertons langjähriger Weggefährte, Heinrich Roessler, stimmten, Letzterer im Namen des Physikalischen Vereins, dem großen Plan zu. Sie blieben auch bei ihrem Votum, als es 1911 ernst wurde und Adickes die Denkschrift zur Universitätsgründung der Öffentlichkeit vorgestellt hatte. Die Diskussion drehte sich nicht darum, ob eine Universität gegründet werden solle, sondern lediglich um den Etat, an dem zahlreiche Änderungen vorgenommen wurden. Unter den Beiträgen sticht Mertons Bereitschaft hervor, die Dozenten für soziale Fürsorge vom Institut für Gemeinwohl mit 8.000 Mark zu bezuschussen. Auch der Physikalische Verein erklärte sich bereit, für eine naturwissenschaftliche Stelle eine ähnliche Summe zur Verfügung zu stellen.

Viel schwieriger gestaltete sich dagegen die Diskussion in der Stadtverordnetenversammlung, um deren Zustimmung sich Adickes mit einer ausführlichen Vorlage bemühte. Am 23. März 1911 kam die Aussprache zustande. Adickes ging dabei insbesondere auf die nicht geringen Leistungen ein, mit denen die Stadt zu dem Unternehmen beitragen wollte. Der städtische Anteil umfasste „*die städtischen Kliniken mit den angeschlossenen medizinischen Stiftungen und Forschungseinrichtungen, zahlreiche wertvolle Grundstücke sowie die Akademie für Sozial- und Handelswissenschaften.*“ (Bericht über die Verhandlungen der Stadtverordnetenversammlung, Bd. 44, 1911, 477) Adickes vereinnahmte also großzügig den Anteil Mertons an der Akademie und gab ihn als städtischen Beitrag aus.

Wilhelm Merton. Reproduktion eines Gemäldes von Julius Hülsen, gemalt von Heinz Saalig 1954.

Doch diese Feinheiten berührten die Stadtverordneten nicht. Ludwig Heilbrunn und einige Mitstreiter begrüßten den Plan voller Enthusiasmus, sprachen vom „*alten Glanz*“ Frankfurts und wie sehr der „*Kulturboden*“ der Stadt bereichert werden würde. Er hatte nur die Sorge, dass der finanzielle Beitrag der Stadt auf keinen Fall überschritten werden dürfe.

Nach der Durchsetzung der Pläne in den städtischen Gremien folgten weitaus schwierigere Verhandlungen mit den Regierungsstellen. Es ging um das Berufungsrecht der Professoren. Weiterhin monierte der preußische Staat eine Lücke in der Finanzierung von sechs Millionen Mark. Doch dies stellte für die wirtschaftliche Oberschicht der Stadt kein ernsthaftes Problem dar. Binnen weniger Wochen wurden neue Stiftungen errichtet und Spenden eingesammelt. Die Namen von nicht weniger als 73 Personen wären hier zu nennen, die bis 1914 einen Gesamtbetrag von 20 Millionen Mark stifteten. Bis Ende März 1912 erstellte der Magistrat den Universitätsvertrag und kurz darauf präsentierte Adickes sein Meisterstück noch einmal den Stadtverordneten. Vor allem verwies er darauf, dass die Finanzierung der Universität auf einer soliden Grundlage stehe, und meinte zum Schluss: „*Die Bürgervertretung habe nunmehr die Aufgabe, die juristischen und finanztechnischen Fragen zu prüfen.*“ (UAF, Akten des Rektors, 100-1, Bl. 132 ff., und Bericht über die Verhandlungen der Stadtverordnetenversammlung, Bd. 45, 1912, 574–582) Drei Wochen später gaben der Finanz- und der Rechtsausschuss der Stadtverordnetenversammlung grünes Licht, nachdem sie mit Genugtuung festgestellt hatten, dass ihre Anregungen und Empfehlungen „*berücksichtigt worden seien*“. (Bericht über die Verhandlungen der Stadtverordnetenversammlung, Bd. 45, 1912, 659–701, und 714, und Maly, Geschichte, Bd. 2, 184)

Merton war bei vielen Diskussionen dabei, auch als der Entwurf eines Vertrages über die Gründung einer Universität vom 21. März 1912 rund zwei Wochen später im Großen Rat zur Beratung anstand. Es ging damals nur noch um Marginalien und das Dozentenkollegium wünschte bei Berufungen mit einem Vertreter aus dem jeweiligen Fache hinzugezogen zu werden. „*Der Große Rat hat keine Bedenken (...) und beschließt, diese Auffassung dem Kuratorium in seiner ersten Sitzung zu unterbreiten.*" (Protokoll der 33. Sitzung des Großen Rats der Akademie für Sozial- und Handelswissenschaften vom 3. April 1912. UAF, Akten des Kurators, 01-04-20 und 01-04-30) So kam am 24. April 1912 der Vertrag zur Errichtung einer Stiftungsuniversität zustande.

Bei alledem waren einige Jahre vergangen. Die beiden großen Beweger der Universität waren von den Anstrengungen der Jahre gezeichnet. Merton litt schwer an Gicht und hatte die Leitung seines Konzerns an seine Söhne Alfred, Walter und Richard übertragen. Adickes war erblindet und befand sich 1912 kurz vor seinem Eintritt in den Ruhestand. Der Abschluss des Vertrags erfüllte beide mit Genugtuung. Sie hatten nun über die konkreten Baupläne zur Erweiterung des Jügelhauses, seiner Anbindung an den Gebäudekomplex der Senckenbergischen Naturforschenden Gesellschaft und Dr. Senckenbergischen Stiftung sowie über einen Anbau zur Aufnahme der zoologischen, geologischen und paläontologischen Institute zu befinden. In dieser Zeit dirigierte Merton den Großen Rat und das Kuratorium, weil Adickes so schwer erkrankte, dass er für zwei Jahre die Arbeit ganz ruhen lassen musste. Georg Voigt, der gerade zum Oberbürgermeister gewählt worden war, firmierte als Mertons Stellvertreter.

Zum Abschluss wurde über die Vertretung der Stiftungen im Großen Rat der Universität diskutiert und „*beschlossen, dass*

Stiftungen mit einem Kapital von mindestens ½ Mill. je 1 Stimme, solche mit einem Kapital von 1 Mill. und mehr je 2 Stimmen, keine aber mehr als 2 Stimmen haben solle". (Protokoll der 39. Sitzung des Großen Rats der Akademie für Sozial- und Handelswissenschaften vom 30. März 1914. UAF, Akten des Kurators, 01-04-20 und 01-04-30) Der Universitätsvertrag wurde kurz vor dem Ausbruch des Ersten Weltkriegs vom preußischen Staat akzeptiert. Merton schlug daraufhin vor, Adickes solle den Vorsitz im Großen Rat der Universität übernehmen. Adickes hatte Bedenken und „*Furcht, daß die Kräfte nicht ausreichen werden*", übernahm aber bis auf weiteres den Vorsitz. (Schreiben von Georg Voigt an Adickes vom 29. Mai 1914, und Antwort Adickes vom 5. Juni 1914. UAF, Abt. 2, Nr. 3) Noch im Juni 1914, als bereits an die Eröffnungsfeierlichkeiten gedacht wurde, stimmte der Große Rat unter dem Vorsitz von Merton trotz finanzieller Bedenken einem Plan von Adickes zu, der Universität auch noch ein Institut für vergleichende Rechtswissenschaft anzugliedern. Merton, der sich in früheren Jahren mit Händen und Füßen gegen eine Erweiterung der Akademie um die Rechtswissenschaften gewehrt hatte, ließ nun diesem geplanten Institut 5.000 Mark zukommen. Damit rückten endgültig die Planungen für die Eröffnungsfeierlichkeiten in den Vordergrund. Eine Kommission sollte sich darum kümmern. Sie sollte aus dem Vorsitzenden und dem Stellvertreter des Großen Rats, also aus Merton und Adickes, aus dem Rektor der Akademie, dem ersten und zweiten Vorsitzenden der Handelskammer, dem Stadtverordnetenvorsteher, einem Vertreter des Physikalischen Vereins, in diesem Fall Eugen Hartmann, einem Vertreter der Senckenbergischen Naturforschenden Gesellschaft und einem Vertreter der medizinischen Anstalten bestehen. Außerdem sollte aus Anlass der Universitätseröffnung eine Festschrift erscheinen, die der erblindete Adickes selbst verfassen wollte. Dafür erbat er sich vom Großen Rat die Zustimmung für eine wissenschaftliche Hilfskraft und eine Schreibhilfe. Schließlich schien der Eröffnung nichts mehr im Wege zu stehen. Doch dann kam erst einmal der Große Krieg.

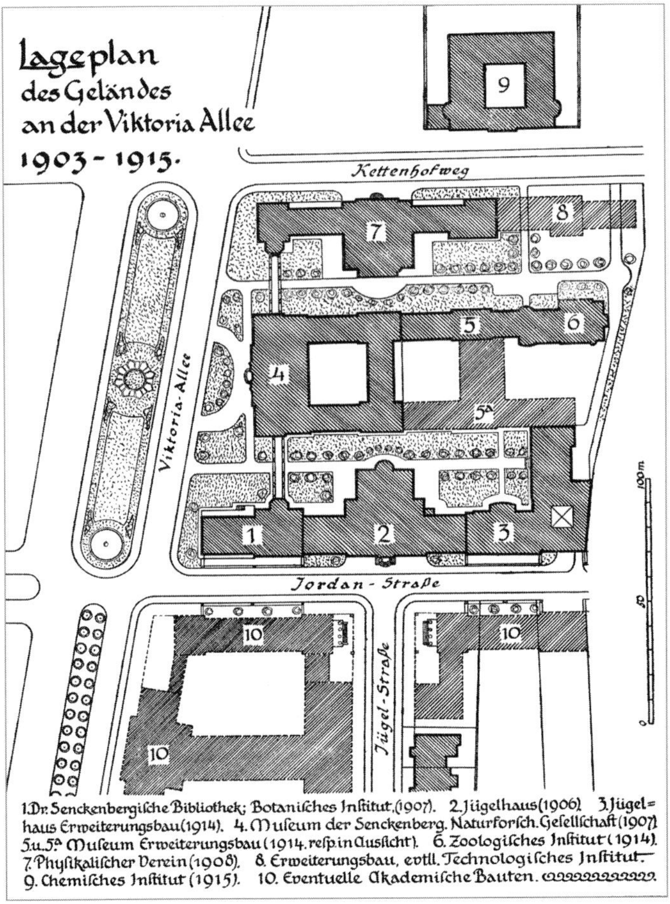

Ausbau der Akademie für Sozial- und Handelswissenschaft zur Universität. Lageplan der Gebäude an der Viktoria-Allee.

Wandelhalle im Erdgeschoss des Jügelhauses.

Dennoch konnte eine Universität im Wintersemester 1914 ihren Betrieb aufnehmen, die bereits in der Gründungsphase eine ganze Reihe von Besonderheiten aufwies. Aufgrund der Aktivitäten des Philanthropen Wilhelm Merton spielten die jungen Sozialwissenschaften tatsächlich eine Schlüsselrolle an der neuen Universität. Sie bildeten zusammen mit den Wirtschaftswissenschaften den *„ältesten hochschulmässig organisierten Teil*" der Universität. (Geschichte der Entstehung der Universität Frankfurt, und Die Wirtschafts- und Sozialwissenschaftliche Fakultät der Universität Frankfurt. UAF, Akten des Rektors, 100-1, Bll. 23–27, und 50) Merton hatte bereits vor der Universitätsgründung in großem Umfang in Forschungen zur sozialen Frage investiert und gerade auch zu diesem Zweck sein eigenes Institut ins Leben gerufen. Diese Stoßrichtung setzte er – als einer der großen Stifter – mit seiner Beteiligung an der Frankfurter Universität fort. Als einzige Stiftung war das Institut für Gemeinwohl mit fünf Vertretern im Großen Rat berücksichtigt.

Eine weitere Innovation betraf die Trennung der Naturwissenschaften von der Philosophischen Fakultät. Physik und Chemie hatten gerade für die moderne Industrie Frankfurts und seiner Umgebung eine zentrale Bedeutung. Der Stifter Arthur Weinberg und andere Fabrikanten hatten diese Ausrichtung sehr begrüßt und zu ihrer Unterstützung eine ganze Serie von Stiftungen für wissenschaftliche Forschung ins Leben gerufen.

Sodann spielten die zahlreichen jüdischen Stiftungen eine überaus wichtige Rolle. Deutlich tritt hervor, dass ohne die Hilfe der zahlreichen Initiativen des wohlhabenden jüdischen Bürgertums und ihrer Stiftungen der Frankfurter Magistrat als Repräsentant der Bürgerschaft dem preußischen Innenministerium keine Universität mit fünf Fakultäten hätte vorschlagen können. Der Reichtum der Frankfurter Bürgergesellschaft, der für die Gründung der Universität entscheidend gewesen war, „*lag zu einem nicht geringen Teil in den Händen jüdischer Bürger*". (Kluke, Stiftungsuniversität, 52) Nur mit Hilfe ihrer zahlreichen Schenkungen konnte der Vertrag über die Gründung einer Universität im April 1912 Realität werden. Es gab auch Gründe für das besondere Engagement zahlreicher Juden. Fabrikanten, Unternehmer und Bankiers hofften neben der Förderung der spezifischen Seiten einer modernen Universität auch auf bessere Bedingungen für jüdische Professuren, die bis dahin in Preußen unerreichbar gewesen waren. Konsequenterweise fehlte eine theologische Fakultät. In diese Phalanx reihte sich auch Merton ein. Trotz seiner Konversion zum protestantischen Glauben hatte er sich sein Leben lang mit der Lage der Juden im kaiserlichen Deutschland auseinandergesetzt und aktiv darum bemüht, die Hindernisse, die auf beiden Seiten einer völligen Integration entgegenstanden, abzubauen. Noch im Krieg wandte er sich gegen die Zählung der jüdischen Angestellten in Unternehmen, die kriegswichtige Güter produzierten. Er sah darin eine Diskriminierung, die auf antisemitischen Vorurteilen beruhte. Die Mobilisierung gerade der jüdischen Stifter hatte ja zum Niederreißen dieser Mauer in der Gesellschaft beitragen sollen.

Die Aktivitäten des Frankfurter Bürgertums und sein Netzwerk von Vereinen und Stiftungen beeinflussten die Konzeption der Universität nachhaltig. Sie benötigte keine staatlichen Mittel, sondern ruhte auf einer eigenen wirtschaftlichen Grundlage. Das schlug sich in einer eigenen Finanzverwaltung und in der autonomen Verwaltung durch einen Großen Rat und dem aus und von ihm gewählten Kuratorium nieder, in dem die Stadt, das Institut für Gemeinwohl, die Handelskammer, die Polytechnische Gesellschaft, die großen Stiftungen und alle großen Stifter Sitz und Stimme hatten. Aufgrund der Vielzahl der jüdischen Stifter spielten sie im Großen Rat eine wichtige Rolle und verfügten damit über eine genau festgesetzte Anzahl von Sitzen und Stimmrechten im Selbstverwaltungssystem der Universität.

Die Frankfurter Universität ist die größte unter den vielen Frankfurter Stiftungen mit einer Vielzahl von Stiftern, und „*es ist dies nicht nur der Höhepunkt des Frankfurter, sondern überhaupt des deutschen Stiftungswesens*". (Schiller, Stiftungen, 176) Es war das erfolgreiche Zusammenwirken vieler Privater, deren teilweise durchaus begrenzte Motive und Interessen in der Gestalt des Projekts überwunden und zu einem Institut des Gemeinwohls, zu einer Universität, zusammengefasst wurden. Dass es gelang, ist zu einem beträchtlichen Teil dem Metallgroßhändler Wilhelm Merton und seinen Ambitionen zu verdanken, die soziale Praxis und die Sozialwissenschaften als Bindeglieder der bürgerlichen Gesellschaft zu entwickeln und zu stärken.

VI. Der Tod des Stifters im Krieg und seine Bedeutung für Frankfurt und seine Universität

Die erfolgreiche Universitätsgründung, der Höhepunkt in Mertons Kampf um eine bessere Fundierung der bürgerlichen Gesellschaft, kann nicht verdecken, dass der Zeitpunkt ihrer Geburt denkbar schlecht gewählt war. In dem nun alles bestimmenden Weltkrieg geriet Merton in ein Fahrwasser, das ihm zutiefst widerstrebte. Er, der Entrepreneur alter Schule, musste mit ansehen, wie seine Unternehmungen Schritt für Schritt in die Kriegswirtschaft eingebunden wurden. Doch er hat nicht lange gezögert und trat jetzt erst recht für eine parteiübergreifende Zusammenarbeit von Persönlichkeiten des öffentlichen Lebens unter Einbeziehung von Führern der Gewerkschaften und der Sozialdemokratie ein. In erster Linie aber nahmen ihn die Probleme der Kriegsernährung und Kriegswohlfahrt in Anspruch, weil er die Gefahr des Aushungerns und der völligen Verelendung der Armen, Alten und Kinder vor Augen hatte. In diesem Kontext stand der Einsatz seiner Gesellschaft für Wohlfahrtseinrichtungen, die in den Kriegsjahren zahlreiche Massenspeisungsbetriebe einrichtete. Auch die anderen Teile seines sozialen Konzerns ordneten sich im Krieg dem Staat unter und so standen, wie Stein dies später hervorhob, *„die Mertonschen sozialen Institute mit ihren Leitern und Beamten in der vordersten Reihe der Kriegsheimarbeit Frankfurts und Deutschlands*“. (Soziales Museum Frankfurt, Mertons Vermächtnis, 10)

Merton äußerte sich nun viel politischer als in den Friedensjahren. Er wandte sich energisch gegen Kriegsgewinne und Schwarzmarktkäufe und rief dazu auf, mit der Nachfrage nach handwerklichen Gütern den notleidenden Mittelstand zu stützen. Auch wenn er seinen Prinzipien weiterhin treu blieb und sich nicht in die Parteipolitik einmischte, ging er doch öffentlich auf Distanz zur Vaterlandspartei und begrüßte die Wendung hin zu massiven staatlichen Eingriffen in die Wirtschaft, dem sogenannten „Kriegssozialismus". Als Patriot stellte er sich den in allen Wirtschaftszweigen eingerichteten Fachausschüssen zur Verfügung, und es lag auf der Hand, dass er und seine Söhne sich vor allem an der Organisation der Versorgung Deutschlands mit kriegswichtigen Metallen beteiligten. Richard und Alfred arbeiteten als enge Mitarbeiter, Richard Merton sogar im Range eines Hauptmanns in General Wilhelm Groeners Stab des Kriegsamts. Aus diesem Grund und wegen seiner strategischen Bedeutung erfreute sich Mertons Konzern bald einer größeren Aufmerksamkeit der Alliierten und rückte ins Visier ihrer Kriegspropaganda. Das Bild von der Metallgesellschaft als „Oktopus MG" prägte sich ein und in Großbritannien und in Australien begannen regelrechte Kampagnen mit dem Ziel, die Metallwirtschaft und den internationalen Metallhandel von der Vorherrschaft dieses „Oktopus" zu befreien. Diese Einstellung wirkte bis in die Nachkriegszeit fort, und Großbritannien versuchte mit Hilfe der staatlich geförderten British Metal Corporation weiterhin, den internationalen Handel mit Nichteisenmetallen zu kontrollieren. Nicht weniger schwierig gestalteten sich die Aktivitäten des Merton-Konzerns in den bis 1917 offiziell neutralen USA. Hier geriet er in den Fokus der allgemein wachsenden Vorbehalte gegen die Deutsch-Amerikaner, die mit jedem Kriegsjahr immer mehr als fünfte Kolonne des deutschen Außen- und Kriegsministeriums angesehen wurden. Auch im Privatleben der Familie führte der Krieg zu einschneidenden Veränderungen. Die Mertons stellten ihre Villa als Lazarett zur Verfügung und Emma Merton half, kriegsversehrte Soldaten zu pflegen.

Aber Kriegsnot und Kriegspropaganda waren nicht einmal die größten Probleme Mertons. Der Kriegsausbruch traf ihn unvorbereitet, widersprach seinen tiefsten Überzeugungen von der Möglichkeit eines vernünftigen Zusammenlebens der Nationen in der Welt. Krieg, Nationalismus und Hass waren ihm ein Gräuel. Alle Aktivitäten konnten deshalb seine gründliche Enttäuschung über den Weltlauf nicht verbergen. Noch mehr aber als seine Überzeugungen traf der Krieg seinen Konzern. Die Metallgesellschaft erfuhr eine ungeheuere Amputation ihrer weltumspannenden Aktivitäten. Sie musste

Das Merton'sche Wohnhaus in der Guiollettstraße wurde während des Ersten Weltkriegs als Hilfslazarett eingerichtet. Zwölf verwundete Patienten mit Krankenschwester und Emma Merton im Empfangssaal, April 1915.

ihre Arbeit einschränken, war von Einberufungen schwer getroffen und gezwungen, Mitarbeiter aus dem Ausland abzuziehen. Sie litt unter Kreditnot, fehlenden Aufträgen und über ihren Mitarbeitern hing drohend das Damoklesschwert der Arbeitslosigkeit.

Portrait Dr. Adolf Merton in der Uniform des Dragoner-Regiments VI.

Als schweren persönlichen Schicksalsschlag traf Merton der Tod seines Sohnes, des Kunsthistorikers Adolf Merton, der, gerade 28 Jahre alt, bereits in den ersten Kriegsmonaten fiel. Zu seinem Andenken stifteten Emma und Wilhelm Merton am 4. April 1916 einen ordentlichen Lehrstuhl für Pädagogik und ein damit zu verbindendes Seminar. Daraus entstand das Adolf Merton-Institut, das das Ehepaar mit einem Gründungsvermögen in Höhe von 300.000 Mark in Kriegsanleihen ausstattete. Bei dem Institut handelte es sich um eine unselbständige Stiftung, die von der Universität verwaltet werden sollte. Der Stiftungsbrief hielt die Beweggründe fest: „*Zum Andenken und zum Gedächtnis an unseren unvergesslichen im Felde gefallenen Sohn Adolf Merton haben wir uns entschlossen, der Königlichen Universität zu Frankfurt am Main zur Errichtung und zur Unterhaltung eines Instituts und Lehrstuhls für Pädagogik vorbehaltlich der ministeriellen Genehmigung und unter Vorbehalt der Erteilung der Allerhöchsten Genehmigung eine Summe schenkungsweise zu stiften, welche Stiftung den Namen: ‚Adolf Merton,*

Institut und Lehrstuhl für Pädagogik' tragen soll." (Stiftungsbrief vom 15. April 1916. UAF, Abteilung 11, Nr. 13, p. 58)

Die staatliche Genehmigung traf drei Monate später ein. In dieser Zeit überlegte Merton den Stadtrat für das Frankfurter Schulwesen Julius Ziehen, den er von den Gremien der Akademie und der Diskussion um die Universität her kannte, mit der Professur zu betrauen. Aufgrund des Krieges und der Nöte der Metallgesellschaft hatte er jedoch erst einmal Schwierigkeiten, gleich die gesamte Stiftungssumme zur Verfügung zu stellen. In einem Schreiben an Ziehen drückte er sein Bedauern darüber aus: „*Leider können wir jetzt noch nicht so viel Mittel zur Verfügung stellen als hierzu erforderlich sind und müssen uns jetzt auf M 100.000,– beschränken in der Hoffnung, dass wir nach Friedensschluss in der Lage sein werden, noch weitere Mittel zuzuwenden oder dass sich Andere hierzu bereit finden werden.*" (Schreiben des Merton'schen Sekretariats an Stadtrat Ziehen. ISG, Stiftungsabteilung 318, Bl. 5)

Die Stiftung überstand zunächst die Kriegswirren, Wilhelm Merton nicht. Das Schicksal seines Sohnes, die Last der beiden Kriegsjahre und am Ende noch ein Konflikt mit seinem Mitarbeiter Philipp Stein untergruben die von der Gicht angegriffene Gesundheit Mertons. Stein fühlte sich von seiner Leitungstätigkeit im Institut und der Centrale, seinem Stadtratsamt sowie der Lehrtätigkeit an der Universität nicht ausgefüllt. Er wollte gerne Aufgaben in der Metallgesellschaft selbst übernehmen. Ihm schwebte eine leitende Funktion bei der Metallbank vor. Merton gab diesen Bestrebungen nur widerwillig nach und forderte eine Einschränkung von Steins Stadtratstätigkeit. Dem kam Stein wiederum nur halbherzig entgegen. Eins kam zum anderen. Merton warf Stein bald vor, sich nicht genug um die Centrale und das Soziale Museum zu kümmern. Er solle sich überhaupt auf das Institut und den

Konzern konzentrieren, und er bereute, dass er Stein die Stadtratstätigkeit erlaubt hatte. Der Streit ging Merton sehr zu Herzen. Nicht ganz unerwartet ereilte ihn am 15. Dezember 1916 im Treppenhaus einer seiner Einrichtungen in Berlin ein Herzschlag. Dort ist er einsam gestorben. Im Namen des Großen Rats der Universität schrieb Oberbürgermeister Voigt am Tag darauf an Emma Merton: „*Der Verstorbene hat durch lange Jahre mühevoller Arbeit, zusammen mit dem verewigten Oberbürgermeister Adickes (Adickes war bereits am 4. Februar 1915 gestorben, R. R.), trotz seiner sonstigen vielseitigen Inanspruchnahmen sich in jeder Hinsicht auf das eifrigste nicht nur an der Errichtung und Weiterführung der Akademie für Sozial- und Handelswissenschaften beteiligt, sondern insbesondere auch in gleicher Weise den Plan zur Gründung einer Universität gefördert. In der Gründungsgeschichte der Frankfurter Universität, deren Stiftungsurkunde auch seinen Namen trägt, wird er daher immer einen ehrenvollen Platz einnehmen.*“ (Kondolenzschreiben von Oberbürgermeister Voigt an Emma Merton vom 16. Dezember 1916. UAF, Abt. 2, Nr. 3, Bl. 8)

Was ist aus seinem Werk jenseits der Ehrbezeugungen des Jahres 1916 und der Marmorbüste von Fritz Klimsch geworden? Nun, die Universität überlebte und mit ihr sein Name – so könnte man denken. Doch so einfach verhält sich die Sache nicht. Erst einmal büßte sie in den ersten Nachkriegsjahren wesentliche Züge ihrer Besonderheit ein. Die großartige Idee einer vom Staat finanziell unabhängigen Hochschule ging schon im fünften Jahr ihres Bestehens unter. Denn bereits 1919 geriet die Universität in eine schwere Krise, die sich dann in der Inflation fortsetzte. Ein großer Teil der Stiftungsvermögen verlor ihren Wert. Auf dem Höhepunkt der Inflation im Jahre 1923, als die Insolvenz kurz bevorstand, kam nach langwierigen Verhandlungen ein Vertrag mit dem

Achter Lehrgang der Akademie der Arbeit am 30. September 1929 oder 1. Oktober 1929.

preußischen Staat zustande. Danach sollten die Stadt Frankfurt und der Staat Preußen „*zu gleichen Teilen für das jeweilige Defizit*“ aufkommen. „*In wesentlichen Punkten behielt*“ die Universität allerdings „*ihren eigentümlichen*“, von Merton mit geprägten Charakter. (Zur Geschichte der Universität. UAF, Akten des Rektors, 100-01, Bl. 25 f., und Schivelbusch, Intellektuellendämmerung, 24)

Die staatliche Unterstützung hatte ihren Preis. Das nun von sozialdemokratischen Ministern wie Konrad Haenisch und Carl Heinrich Becker besetzte preußische Kultusministerium forderte für die Ausbildung von Gewerkschaftsführern die Angliederung der seit 1921 bestehenden Akademie der Arbeit an die Universität. Merton hätte mit diesem staatlichen Eingriff gut leben können. Tatsächlich richtete die von ihm ins Leben gerufene Gesellschaft für wirtschaftliche Ausbildung schon bald „*Lehrgänge für Arbeiter und Betriebsräte ein, die dann später in der an die Universität angegliederten Akademie der Arbeit eine erweiterte Verwirklichung gefunden haben*“. (Stein, in: Soziales Museum Frankfurt, Mertons Vermächtnis, 15)

Auch die Wirtschafts- und Sozialwissenschaftliche Fakultät, die erste in Deutschland, auf die Merton immer besonderen Wert gelegt hatte, entwickelte sich in seinem Sinne. Trotz Krieg, Revolution, Inflation und allgemeiner wirtschaftlicher Not fanden sich hilfsbereite Stifter. Konsul Karl Kotzenberg stiftete Anfang der 1920er Jahre ganz im Einklang mit den Überzeugungen Mertons den ersten Lehrstuhl für Soziologie, auf den Franz Oppenheimer berufen wurde. Nicht nur diese neue Stiftung fügte sich in die von Merton begründete sozialpolitische

Senckenberganlage mit dem Institut für Sozialforschung. Bleistiftzeichnung von Wilhelm Gutmann 1925.

und sozialwissenschaftliche Tradition ein. Kurz zuvor war die Hermann-Weil-Stiftung ins Leben getreten. Der Stifter Hermann Weil hatte ein an Abenteuern reiches Leben hinter sich, als er die Stiftung gründete. „*Als junger Kommis im Getreidehandel nach Argentinien entsandt, macht er sich bald selbständig, baut ein internationales Geschäft auf, kehrt nach Jahren*" – ähnlich wie Charles Hallgarten – „*aus gesundheitlichen Gründen in die Heimat zurück (...), wo er sich eine herrschaftliche Villa bauen läßt und sein Leben als Stifter und Mäzen*" beschloss. (Schivelbusch, Intellektuellendämmerung, 28) Seine Intentionen waren nicht allzu weit von denen Mertons entfernt. In der Satzung seiner Stiftung hieß es ganz parallel zu den Zielen des Instituts für Gemeinwohl: „*Forschung und Lehre auf dem Gebiet der Sozialwissenschaften, insbesondere des Arbeitsrechts und der Arbeitsverfassung zu fördern (...) Der Stifter sieht seine Absicht erfüllt, wenn sozialwissenschaftliche Institute sowie befähigte Studierende und junge Gelehrte, die sozialen Probleme im Sinne des sozialen Friedens wissenschaftlich zu klären streben, aus den Mitteln seiner Stiftung angemessenen sachlichen und persönlichen Beistand erfahren.*" (Satzung der Hermann-Weil-Stiftung. ISG, Magistratsakten S 688)

Die Hermann-Weil-Stiftung war Vorgängerin des wenig später gegründeten Instituts für Sozialforschung, dessen Programm von Felix Weil, dem Sohn des Stifters, 1923 folgendermaßen umschrieben wurde: „*Das Institut ist ein Forschungsinstitut, dazu bestimmt, die sozialen Bewegungen in Raum und Zeit (...) in allen Erscheinungsformen, wie sie in politischer Parteibildung, im Gewerkschaftswesen, in Arbeitgeberorganisationen, in Genossenschaften usw. sich äußern, festzustellen und ursächlich zu klären (...). Alle Berührung mit Parteipolitik und Parteiagitation ist durch den wissenschaftlichen Charakter des Instituts ausgeschlossen.*" (Broschüre des Instituts für Sozialforschung von 1923, zit. n. Schivelbusch, Intellektuellendämmerung, 23)

Aufgrund der erheblichen Geldmittel des Instituts sperrte sich die unter Finanznot leidende Universität nicht gegen seine Angliederung. Es stärkte die Sozialwissenschaften und mit seinen Ambitionen die Ziele, die Merton bei der Universitätsgründung verfolgt hatte. Das Institut Weils interessierte sich genauso für die Gesellschaft wie die Institute Mertons. Wie dessen Anliegen das Thema der befürchteten Destabilisierung der bürgerlichen Ordnung war, so sollte der Forschungsgegenstand des Instituts für Sozialforschung die soziale Revolution sein, wie sie sich in Teilen der Welt bereits abzeichnete. Mit gutem Recht kann deshalb von einer Blütezeit der Wirtschafts- und Sozialwissenschaftlichen Fakultät in den 1920er und 1930er Jahren gesprochen werden. Dann aber brach das Gerüst der Merton'schen Stifterintentionen, das den Ersten Weltkrieg, die stürmischen Tage der Novemberrevolution und die Inflation gut überstanden hatte, wie auch das der Weil'schen Familie, mit dem Durchbruch der nationalsozialistischen Bewegung im Jahre 1933 zusammen. Mit ihrem Sieg begann ein radikaler Umbau der Frankfurter Universität. Professoren und Dozenten wurden wegen ihrer vermeintlichen rassischen Zugehörigkeit oder wegen ihrer politischen Überzeugungen entlassen. In der Reichshauptstadt Berlin plante man, die Universität auf ein Minimum an Fakultäten zu beschneiden. Lange blieben die großen Lücken im Lehrkörper unbesetzt. Der Große Rat, einstiger Stolz der bürgerlichen Universität, wurde ganz aufgehoben und das Kuratorium drastisch verkleinert. An die Stelle des stellvertretenden Vorsitzenden trat ein Staatskommissar und die Einführung des Führerprinzips beschnitt die Rechte von Senat und Fakultäten. Zur Kontrolle des Kollegiums wurden die Machtbefugnisse des Dozentenbunds erweitert, der als verlängerter Arm der nationalsozialistischen Partei gute Dienste bei der Überwachung und Beherrschung der Universität leistete.

Mit der Gleichschaltung der Universität endete vorerst auch die von Merton begründete sozialwissenschaftliche Traditionslinie. Selbst Mertons ureigenster Beitrag zur Universität, seine Stiftung, das Adolf Merton-Institut, wurde von den neuen Machthabern nicht verschont. Das pädagogische Institut hatte die Revolution und anschließend auch die Inflation zwar einigermaßen unbeschadet überstanden. Das Ende bereiteten ihm jedoch die neuen Machthaber. Sie gliederten das Institut mit seinem Restvermögen von immerhin noch 140.000 Reichsmark 1941 in die Frankfurter Universitätsstiftung ein und verfuhren mit ihm genauso wie mit all den anderen wissenschaftlichen Stiftungen der Juden.

Ähnlich erging es auch Mertons anderen Unternehmen. Am Anfang hatte es so ausgesehen, als ob der Übergang vom Kaiserreich in die neue Zeit geglückt sei. Zufrieden stellte Philipp Stein Mitte der 1920er Jahre fest, dass die sozialen Schöpfungen Mertons noch heute bestehen, auch wenn sie alle *„ein Opfer, das Opfer des Verarmens"*, gebracht hätten. (Stein, in: Soziales Museum Frankfurt, Mertons Vermächtnis, 10) Allein die Gesellschaft für Wohlfahrtseinrichtungen kam gut durch die Inflation. Nicht so das Institut für Gemeinwohl. Dieses traf die Verarmung *„mit ganzer Wucht und Härte"*, weil es wesentliche Teile seines Vermögens zur Sicherheit für die Beiträge der Universität mündelsicher angelegt hatte, die dann von der Inflation entwertet wurden. Auch die Vermögen der anderen Institute und Vereine schmolzen beträchtlich zusammen. Aber alle hatten ihren Betrieb aufrechterhalten können, wenn sie die Dienstleistungen auch einschränken mussten. Mehr noch als die finanzielle Verarmung beklagte Stein, dass *„zu den schlimmsten Verlusten der Inflationszeit (...) die Entwertung, die Verkümmerung der freien sozialen Selbstverwaltung"* zu zählen war. (Stein, in: Soziales Museum Frankfurt,

Mertons Vermächtnis, 11) Immerhin konnten alte Verbindungen wiederhergestellt werden. Das Institut für Gemeinwohl kooperierte wieder mit der Gesellschaft für Sozialreform und reaktivierte die Internationale Vereinigung für gesetzlichen Arbeitsschutz, um das Netz der internationalen Verbindungen neu zu knüpfen. Es fand auch bald Rückhalt im Internationalen Arbeitsamt, das beim Völkerbund in Genf eingerichtet worden war.

Die Centrale für private Fürsorge kam ebenfalls ganz gut in der Weimarer Republik an. Sie musste einen Teil der bisherigen Aufgaben an die Stadt abgegeben. Die frei gewordenen Mittel konnten für den Ausbau der privaten Fürsorge in Frankfurt genutzt werden. Das kam zum Beispiel der Errichtung des Kinderdorfes auf der Wegscheide bei Bad Orb zugute. Außerdem begann eine enge Zusammenarbeit mit dem Deutschen Verein, und beide Organisationen wirkten zusammen an der Reform der Kinderschutzgesetzgebung und des Jugendstrafrechts mit. Die Centrale entwickelte sich mehr und mehr von einer lokalen und regionalen Einrichtung zu einer nationalen Organisation. Einen ganz ähnlichen Weg beschritt auch das Soziale Museum. Das Institut hatte der Inflation standgehalten, „*wenn auch seine Mittel knapp und knapper, seine Jahresberichte dünn und dünner*“ wurden. (Stein, in: Soziales Museum Frankfurt, Mertons Vermächtnis, 12) Auch das Museum mauserte sich von seiner ursprünglich regionalen Bedeutung zu einer Deutschen Zentrale für Praktische Soziale Arbeit. Ihre Praxis wurde dabei immer mehr auf die sozialen Probleme in den Fabrikbetrieben konzentriert, während es im wissenschaftlichen Bereich – was Merton immer angestrebt hatte – zu einer engen Zusammenarbeit mit der Universität kam, was schließlich sogar in der Übernahme der Bibliothek durch die Universität und in der Besetzung einer Professur für

Soziallehre einmündete. „*So fand ein Leitgedanke Mertons aus den Gründungstagen der Akademie für Sozial- und Handelswissenschaften, die Zentrale für die private Fürsorge und das Soziale Museum als soziale Ausbildungsstätten in das System der Akademie und der Universität organisch einzubauen, seine Verwirklichung.*" (Stein, in: Soziales Museum Frankfurt, Mertons Vermächtnis, 14)

Das war noch nicht alles. Das Institut für Gewerbehygiene hatte die Arbeit im Krieg faktisch einstellen müssen. Nach dem Krieg investierten die Institutsmitarbeiter viel Zeit und Arbeit in die Errichtung eines Instituts für Gewerbepathologie, doch die Anstrengungen wurden von der Inflation zunichtegemacht, und es gelang nicht mehr als die notdürftige Aufrechterhaltung des Betriebs. Doch mit der wirtschaftlichen Stabilisierung in der Nachkriegszeit glückte die angestrebte enge Verbindung der Gesellschaft für Wirtschaftliche Ausbildung mit der Universität. Die Gesellschaft wirkte bei der Errichtung des Wirtschaftswissenschaftlichen Instituts mit und stellte dem neuen Institut seine Bibliothek und sein Archiv zur Verfügung. Aus dem Institut für Gewerbehygiene wiederum ging die Deutsche Gesellschaft für Gewerbehygiene hervor. All das förderte die Wirtschafts- und Sozialwissenschaftliche Fakultät, der Mertons Interesse immer gegolten hatte. Alles in allem war Mertons Nachwirken im Charakter der Universität und in der ganzen Palette seiner Institute immer noch deutlich sichtbar. Überall wirkten auch noch seine ehemaligen Mitarbeiter – Stein, Voigt, Roth, von Mangoldt, Klumker, Schnellbach und viele andere mehr – und trugen seine Anliegen und Zielvorstellungen weiter. Doch dabei sollte es nicht bleiben.

Nach den ersten Einschnitten in der Inflationszeit kam 1933 die eigentliche Stunde der Bewährung, als die Nationalsozialisten an die Macht kamen. Dem hielt das System der privaten Fürsorge nicht stand, und zwar deshalb nicht, weil sein Zentrum, das Institut für Gemeinwohl, sich den neuen Machthabern unterwarf. Die Quellen sprechen eine deutliche Sprache. Das Institut geriet in die Mühle der Umwandlung des gesamten Stiftungswesens, das den Nationalsozialisten – insbesondere der zahlreichen jüdischen Stiftungen wegen – ein Dorn im Auge war.

1937 verlangte der nationalsozialistische Oberbürgermeister Friedrich Krebs die Liquidation des Instituts, weil es für die Stadtverwaltung nicht länger tragbar sei, zusammen mit dem „*Juden*" Richard Merton an einer Gesellschaft beteiligt zu sein. Richard Merton hatte nach dem Tode seines Vaters im Jahre 1916 die Geschäftsleitung des Instituts übernommen. Am 23. September 1937 war das Institut für Gemeinwohl dann Gegenstand einer Besprechung von Krebs und dem für die Stiftungen zuständigen Stadtrat Bruno Müller, der sich nach dem Krieg als Bewahrer der Frankfurter Stiftungstradition aufspielte und mit einem Sammelwerk über das Frankfurter Stiftungswesen hervortrat. Er kannte alle Stiftungen aus seinen Akten, denn er hatte einen Großteil von ihnen im Dienst des Systems der Auflösung zugeführt. Im Falle des Instituts für Gemeinwohl sprach er sich allerdings gegen die Liquidation aus, weil für die Tochtergesellschaften, also für all die Mitarbeiter der zahlreichen Merton'schen Gründungen, eine große Pensionslast aufgehäuft worden war. Aber „*Dr. Merton*" (Richard Merton, R. R.) sollte seine Anteile in eine Stiftung umwandeln, das heißt, er sollte ausscheiden. Richard Merton kam dem auch nach. (Notiz Stadtrat Dr. Müller für die Besprechung bei Oberbürtermeister Krebs betr. Institut für Gemeinwohl vom 23. September 1937. ISG, Stiftungsabteilung 219, Bl. 54) Er wolle, da er seit den Nürnberger Rassengesetzen als Jude galt, „*keine Last für den Fortbestand des Instituts sein*". Wortwörtlich fügte er in einem Brief an Polligkeit hinzu: „*Es kommt, unabhängig von dieser Untragbarkeit, hinzu, dass ich, nachdem ich durch die Nürnberger Gesetze als Jude gelte und nicht mehr Staatsbürger bin, als Besitzer des Instituts, auch unabhängig davon, dass die Stadt beteiligt ist, eine Belastung für die Ziele des Instituts bedeuten kann, die das Institut an der Erfüllung seiner Aufgaben hindern kann. Es läge gewiss nicht im Sinne meines Vaters und liegt keinesfalls in meinem Sinne, den Gemeinnutz, dem das Institut für Gemeinwohl dienen soll, deswegen leiden zu lassen, weil mein Eigennutz, der darin bestehen könnte, dass ich persönlicher Besitzer bleibe und meinen Einfluss als Geschäftsführer geltend mache, nicht unterbunden wird. Dabei lasse ich bewusst das Moment ausser Acht, das darin liegt, dass als Gemeinnutz in Deutschland heute nur das gilt, was Volksgenossen dient, und dass ich als Nicht-Volksgenosse (Jude) am Gemeinnutz weder aktiv noch passiv teilzunehmen berechtigt bin.*" (Schreiben Richard Merton an Polligkeit vom 4. März 1938. ISG, Stiftungsabteilung 219, Bl. 62 f.)

Auf Druck des Frankfurter Magistrats und des Oberbürgermeisters schlug er vor, seine Stammanteile in Höhe von 70 Prozent auf seine vier nichtjüdischen Stiefsöhne, die Prinzen Franz Wilhelm, August Richard, Casimir Johannes und Gottfried zu Sayn-Wittgenstein-Berleburg zu übertragen. Dieser Transfer im Rahmen der Familie schien erst einmal zu glücken. Doch hatte diese Maßnahme nicht lange Bestand. Prinz August Richard zu Sayn-Wittgenstein wurde im Jahre 1939 ermordet, und Prinz Gottfried fiel 1941 im Krieg. Es folgte die Ausbürgerung Richard Mertons. In diesem Zusammenhang intrigierten Stadtrat Bruno Müller und Wilhelm Polligkeit, der Leiter des Instituts, gegen die Familie. In einem Vermerk von Müller vom 29. Dezember 1939 wurde festgehalten: „*Herr*

Prof. Polligkeit hat mir bei einem Fernsprechanruf folgendes mitgeteilt: Der ältere Prinz Sayn Wittgenstein ist beim Unfall verstorben. Die Mutter des Prinzen, frühere Prinzessin Sayn Wittgenstein, geb. Prinzessin Löwenstein-Wertheim, ist ebenso wie ihr zweiter Ehemann Richard Merton ausgebürgert. Der Vater des Prinzen, Sayn Wittgenstein, lebt aber noch. Bei gesetzlicher Erbfolge würde er die Hälfte des Anteils und die anderen drei Prinzen je ein Sechstel des Erbteils erwerben. Die Geheime Staatspolizei prüft zur Zeit, ob nicht die Uebertragung der Erbteile von Richard Merton auf die 4 Prinzen das Zugriffsrecht des Staates vereitelt hat und deshalb anzufechten ist. Nach Ansicht von Prof. Polligkeit liegen aber die Uebertragungsgeschäfte bezüglich dieser 4 Anteile vor dem Zeitpunkt, der für die Anfechtung nach den bisherigen Erklärungen der Staatspolizei massgebend ist. Herr Prof. Polligkeit will noch versuchen zu erreichen, dass der Anteil des verstorbenen Prinzen Sayn Wittgenstein auf die Universität übertragen wird." (Vermerk von Stadtrat Dr. Müller vom 29. Dezember 1939. ISG, Stiftungsabteilung 219, Bl. 78)

Der Plan ging auf und sämtliche Gesellschaftsanteile wurden bei der Stadt Frankfurt am Main vereinigt. Nun konnte sich Wilhelm Polligkeit an seine Karriere denkend – im Sinne des Systems – voll entfalten. Was das bedeutete, geht aus einem Antrag zum Ausbau der sozialwissenschaftlichen Forschung und Lehre an der Universität hervor, den er 1941 der Gesellschafterversammlung unterbreitete. Polligkeit bot dem System eine sozialwissenschaftliche Fundierung seiner kriegerischen Lebensraumpolitik an. „*Die von der Reichsregierung verfolgte Sozialpolitik zur Schaffung einer neuen Volksordnung, die dem deutschen Volke die höchstmögliche Entfaltung seiner politischen, wirtschaftlichen und kulturellen Leistungskraft ermöglichen und dem einzelnen Volksgenossen den ihm gebührenden Lebensraum sichern soll, stellt der sozialwissenschaftlichen Forschung und Lehre an den*

Universitäten neue, bedeutsame Aufgaben." Und: „*Gerade die hiesige Universität (sei) geeignet und berufen, in Forschung und Lehre der bevorstehenden sozialpolitischen Entwicklung als Wegbereiter zu dienen.*" (Antrag der Geschäftsführung des Instituts für Gemeinwohl GmbH an die Gesellschafterversammlung, 4. Januar 1941. Betr. Ausbau der sozialwissenschaftlichen Forschung und Lehre an der Johann Wolfgang Goethe-Universität. ISG, Sammlung Ortsgeschichte S3 / N 756, Bl. 1 und 7)

So weit war es gekommen, die Sozialwissenschaft im Dienst der völkischen Lebensraumgewinnung. Polligkeit hatte das Institut nur wenige Monate vor dem Beginn des Krieges im Osten fest an die Seite des Nationalsozialismus und seiner verbrecherischen Kriegsziele geführt. Nichts war von den weitsichtigen Zielen Mertons geblieben. In wenigen Jahren wurde zerstört, wofür er sich ein Vierteljahrhundert mit aller Macht eingesetzt hatte. Nun, die Anbiederung Polligkeits blieb ohne Dank. Bei den Jubiläumsbeiträgen zum 30-jährigen Bestehen der Universität wurden weder das Institut noch Merton genannt. Dafür spannten die Völkischen eine Traditionslinie, die von Goethe und Senckenberg über Dalberg zu den Stiftungen Jügels reichte. Die Akademie war nun ganz das Werk von Adickes. Kein Merton tauchte auf und selbstverständlich auch keiner der jüdischen Stifter. Das Lügengespinst gewann keine Dauer. Nach dem Ende des Krieges hat sich die Universität mit Unterstützung der Stadt, die „*nach dem Verlust so vieler kultureller Besitztümer (...) wenigstens ihre Universität behaupten wollte*", wieder rasch erholt und war zu den alten Idealen zurückgekehrt. (Zur Geschichte der Universität. UAF, Akten des Rektors, 100-01, Bl. 25 f.)

„*Es war vor allem erfreulich, dass es besonders in diesen Jahren möglich wurde, die Verbindungen mit den Universitäten des Auslands neu anzuknüpfen. Forscher aus den Ländern Europas und der Übersee kamen zu Vorlesungen an unsere Universität. (...) Zu diesem inneren Ausbau gehört auch die sehr erfreuliche Tatsache, dass unsere Universität sich immer stärker auf die Tradition besinnt, die ihren Geist in den zwanziger Jahren bestimmt hatte. In diesem Zusammenhang muss vor allem daran erinnert werden, dass das Institut für Sozialforschung unter seinem früheren Direktor Prof. Dr. Max Horkheimer in einem neuen Gebäude Senckenberganlage 26 wiedererstanden ist und Forschung wie Lehrbetrieb breitester Basis aufgenommen hat.*" (Zur Geschichte der Universität. UAF, Akten des Rektors, 100-01, Bl. 35 f.) Es wurde nicht nur an Max Horkheimer, sondern auch an Wilhelm Merton und sein Institut, das im Jahre 1948 im Wege der Rückerstattung auf Richard Merton zurückübertragen worden war, erinnert: „*Als ein wesentlicher Bestandteil wurde darin (in der Akademie für Sozial- und Handelswissenschaften, R. R.) das schon 1891 von dem Philanthropen Wilhelm Merton gestiftete Institut für Gemeinwohl aufgenommen.*" (Geschichte der Johann Wolfgang Goethe-Universität. UAF, Akten des Rektors 100-01, Bl. 23) Dabei ist es bis heute geblieben. Wilhelm Merton war und ist eine der wichtigsten Gründungspersönlichkeiten für die Frankfurter Universität.

Aber genauer hat Mertons Ratgeber in den schwierigen Tagen der Gründung der Metallbank und der Schweizerischen Gesellschaft für Metallwerte, der Berliner Carl Fürstenberg, die Verdienste Mertons für Stadt und Universität zusammengefasst, weil er nicht nur den Stifter, sondern auch den Unternehmer Merton gut gekannt hatte: „*Wilhelm Merton gehörte zu der Zahl der großen wirtschaftlichen Schöpfer des neuen Deutschland. Auch abgesehen von einer ungewöhnlichen Tüchtigkeit, die ihn dazu befähigte, den deutschen Metallhandel durch günstige Regelung seiner überseeischen Interessen in neue Bahnen zu lenken, war er eine Persönlichkeit von bestechender Originalität. Der*

Büste des Wilhelm Merton. Abguss einer Marmorbüste von Fritz Klimsch 1916.

Flug seiner Phantasie kannte keine Grenzen. Mochten aber seine geschäftlichen Pläne, wenn er über sie sprach, manchmal auch noch so abenteuerlich erscheinen, in der Durchführung blieb er von einem unerschütterlichen Realismus. Merton war einer der Philanthropen großen Stils, die Deutschland in jenem Zeitabschnitt hervorgebracht hat." (Fürstenberg, Carl-Fürstenberg-Anekdoten, zit. n. Achinger, Wilhelm Merton, 251 f.)

Dank

Das Buch verdankt seine Entstehung vielen helfenden Händen. Besonders möchte ich mich für die Unterstützung bei der Recherche und für zahlreiche wertvolle Hinweise bei dem Leiter des Universitätsarchivs Dr. Michael Maaser und seiner Mitarbeiterin Edith Plöthner, bei den Mitarbeitern des Instituts für Stadtgeschichte Frankfurt Tobias Picard und Klaus Rheinfurth sowie bei der Mitarbeiterin des Hessischen Wirtschaftsarchivs in Darmstadt Ute Mayer bedanken. Prof. Dr. Notker Hammerstein und Prof. Dr. Micheal Stolleis haben das Manuskript einer kritischen Durchsicht unterzogen. Als überaus wertvoll erwies sich die eingehende Lektüre des Manuskripts durch Dr. Kerstin Schulmeyer und Ulrike Jaspers, die mit ihrer Beharrlichkeit aus dem Prototypen den ersten Band der Reihe „Gründer, Gönner und Gelehrte“ formten.

Quellen

Quellen aus dem Hessischen Staatsarchiv Wiesbaden (HeStaWi)

HeStaWi, Abt. 405.

Quellen aus dem Hessischen Wirtschaftsarchiv Darmstadt (HWA)

HWA, Abt. 15.

HWA, Abt. 119, Nr. 919.

HWA, Dokumente und Schriften aus dem Historischen Archiv der Metallgesellschaft. Bd. 1: Die Liefmann / Merton Kontroverse. Kommentiert von Dr. Harald Rieger. Frankfurt am Main 1992.

HWA, Bericht des Instituts für Gemeinwohl zu Frankfurt am Main über die Geschäftsjahre von 1897 bis 1912. Frankfurt am Main 1898–1913.

Quellen aus dem Institut für Stadtgeschichte Frankfurt am Main (ISG)

ISG, Magistratsakten S 688.

ISG, Magistratsakte S 1581.

ISG, Sammlung Ortsgeschichte S3 / N 756.

ISG, Stiftungsabeilung.

ISG, Bericht über die Verhandlungen der Stadtverordnetenversammlung der Stadt Frankurt am Main nach stenographischer Aufnahme. Bd. 44. Hrsg. von der Kanzlei der Stadtverordnetenversammlung. Frankfurt am Main 1911.

Quellen aus dem Universitätsarchiv Frankfurt am Main (UAF)

UAF, Abt. 2.

UAF, Abteilung 11.

UAF, Akten des Rektors.

UAF, Akten des Kurators.

Literatur

Achinger, Hans, Wilhelm Merton in seiner Zeit. Frankfurt am Main 1965.

Adickes, Franz, Die sozialen Aufgaben der deutschen Städte. Leipzig 1903.

Adickes, Franz, Persönliche Erinnerungen zur Vorgeschichte der Universität Frankfurt a. M. Frankfurt am Main 1914.

Adler, Franz, Soziale Gliederung der Bevölkerung, Verfassung und Verwaltung der Stadt Frankfurt am Main. Frankfurt am Main 1906.

Die Akademie für Sozial- und Handelswissenschaften zu Frankfurt am Main. 2. Aufl. Jena 1902.

Arnsberg, Paul, Henry Budge. Der „geliebten Vaterstadt – Segen gestiftet". Frankfurt am Main 1972.

Brückner, Nathanael, Die öffentliche und private Fürsorge, gemeinnützige Thätigkeit und Armenwesen mit besonderer Beziehung auf Frankfurt. 2 Bde. Frankfurt am Main 1892/93.

Däbritz, Walther, 50 Jahre Geschichte der Metallgesellschaft. 1881 bis 1931. Frankfurt am Main 1931.

Frankfurts demokratische Moderne und Leopold Sonnemann. Jude, Verleger, Politiker, Mäzen. Ausstellungskatalog. Frankfurt am Main 2009.

Fürstenberg, Hans, Carl-Fürstenberg-Anekdoten. Ein Unterschied muß sein. Düsseldorf und Wien 1978.

Geschichte der Handelskammer zu Frankfurt am Main 1707–1908. Beiträge zur Frankfurter Handelsgeschichte. Frankfurt am Main 1908.

Göhre, Paul, Drei Monate Fabrikarbeiter und Handwerksbursche. Sozialreportagen eines Pfarrers um die Jahrhundertwende. Neu hrsg. v. Joachim Brenning u. Christian Gremmels. Gütersloh 1978.

Gurock, Jeffrey S., Central European Jews in America, 1840–1880: Migration and Advancement. American Jewish History. Vol. 2, New York and Oxford 1997.

Heilbrunn, Ludwig, Die Gründung der Universität Frankfurt am Main. Frankfurt am Main 1915.

Hinderliter, Eric Lee, Worker Protection in Imperial Germany. Ph. D. Providence 1982.

Jay, Martin, Dialektische Phantasie. Die Geschichte der Frankfurter Schule und des Instituts für Sozialforschung. Frankfurt am Main 1981.

Jung, Rudolf, Frankfurter Hochschulpläne 1384–1868. Leipzig 1915.

Kanngießer, Otto, Frankfurts Gegenwart und nächste Zukunft. Eine Denkschrift. Frankfurt am Main 1892.

Kluke, Paul, Die Stiftungsuniversität Frankfurt am Main 1914–1932. Frankfurt am Main 1972.

Knetsch, Stefanie, Das konzerneigene Bankinstitut der Metallgesellschaft im Zeitraum von 1906 bis 1928. Stuttgart 1998.

Kramer, Henriette, Die Anfänge des sozialen Wohnungsbaus in Frankfurt am Main 1860–1914, in: Archiv für Frankfurts Geschichte und Kunst 56, 1978, 123–190.

Kropat, Wolf-Arno, Frankfurt zwischen Provinzialismus und Nationalismus. Die Eingliederung der „Freien Stadt“ in den preußischen Staat (1866–1871). Frankfurt am Main 1971.

Ladenburg, Leopold, Stammtafel der Familie Ladenburg. Mannheim 1882.

Liefmann, Robert, Kartelle und Trusts. Stuttgart 1905.

Liefmann, Robert, Die internationale Organisation des Frankfurter Metallhandels, in: Weltwirtschaftliches Archiv 1, 1913, 108–122.

Lustiger, Arno (Hrsg.), Jüdische Stiftungen in Frankfurt am Main. Bearb. v. Gerhard Schiebler. Frankfurt am Main 1988.

Maly, Karl, Geschichte der Frankfurter Stadtverordnetenversammlung. 2 Bde. Frankfurt am Main 1992 und 1995.

Merton, Richard, Erinnernswertes aus meinem Leben, das über das Persönliche hinausgeht. Frankfurt am Main 1955.

Migdal, Ulrike, Die Frühgeschichte des Frankfurter Instituts für Sozialforschung. Frankfurt am Main und New York 1981.

Pauly, Adalbert, Überblick über die soziale Gesetzgebung und Einrichtungen in Frankfurt am Main. Frankfurt am Main o. J. (1923).

Plumpe, Werner, und Rebentisch, Dieter (Hrsg.), „Dem Flor der hiesigen Handlung". 200 Jahre Industrie- und Handelskammer Frankfurt am Main. Frankfurt am Main 2008.

Reichel, Clemens, Vom Verbund zum Konzern. Die Metallgesellschaft AG 1945–1975. Darmstadt 2008.

Rolling, John D., Liberals, Socialists, and City Government in Imperial Germany. The Case of Frankfurt am Main 1900–1918. Ph. D. Madison/Wisconsin 1979.

Roth, Ralf, Amerika – Deutschland. Folgen einer transatlantischen Migration, in: Historische Zeitschrift 281, 2005, 621–657.

Roth, Ralf, Aufstieg und Krise des Stiftungswesens in Frankfurt am Main. Zur strukturellen Entwicklung eines kommunalen Stiftungsnetzwerkes im 19. und 20. Jahrhundert, in: Rainer Liedtke und Klaus Weber (Hrsg.), Religion und Philanthropie in den europäischen Zivilgesellschaften. Entwicklungen im 19. und 20. Jahrhundert. Paderborn 2009, 121–137.

Roth, Ralf, „Bürger" and Workers, Liberalism and the Labor Movement in Germany, 1848 to 1914, in: David E. Barclay and Eric D. Weitz (Eds.), Between Reform and Revolution. German Socialism and Communism from 1840 to 1990. Providence/Oxford 1998, 113–140.

Roth, Ralf, Gewerkschaftskartell und Sozialpolitik in Frankfurt am Main. Arbeiterbewegung vor dem Ersten Weltkrieg zwischen Restauration und liberaler Erneuerung. Frankfurt am Main 1991.

Roth, Ralf, Leopold Sonnemann und seine Stadt. Kommunalliberalismus am Beispiel von Frankfurt am Main, in: Jahrbuch der Liberalismusforschung 19, 2007, 83–99.

Roth, Ralf, Stadt und Bürgertum in Frankfurt am Main. Ein besonderer Weg von der ständischen zur modernen Bürgergesellschaft 1760 bis 1914. München 1996.

Roth, Ralf, Jüdische Stiftungsaktivitäten und Universitätsgründungen: Die Beispiele Frankfurt und Hamburg, in: Thomas Adam, Manuel Frey, Rupert Graf Strachwitz (Hrsg.), Stiftungen seit 1800. Kontinuitäten und Diskontinuitäten. Stuttgart 2009, 161–178.

Roth, Ralf, „Der Toten Nachruhm". Aspekte des Mäzenatentums in Frankfurt am Main (1750–1914), in: Jürgen Kocka und Manuel Frey (Hrsg.), Bürgerkultur und Mäzenatentum im 19. Jahrhundert. Berlin 1998, 99–127.

Roth, Ralf, Verkehr in globaler Perspektive, in: Reinhard Sieder und Ernst Langthaler (Hrsg.), Weltgeschichte 1800 – Gegenwart. Wien 2010 (demnächst).

Schembs, Hans-Otto, Charles Hallgarten. Leben und Wirken des Frankfurter Sozialreformers und Philantropen. Frankfurt am Main 2003.

Schiller, Theo, Stiftungen im gesellschaftlichen Prozeß. Ein politikwissenschaftlicher Beitrag zu Recht, Soziologie und Sozialgeschichte der Stiftungen in Deutschland. Baden-Baden 1969.

Schivelbusch, Wolfgang, Intellektuellendämmerung. Zur Lage der Frankfurter Intelligenz in den zwanziger Jahren. Frankfurt am Main 1985.

Sommer, Julius, Die Metallgesellschaft. Ihre Entwicklung dargestellt für die Concern Angestellten. Frankfurt am Main 1931.

Soziales Museum Frankfurt (Hrsg.), Wilhelm Merton und sein Vermächtnis. Gedenkworte seiner Verehrer anläßlich der zehnten Wiederkehr seines Todestages. Frankfurt am Main 1926.

Stadtbund der Frankfurter Vereine für Armenpflege und Wohlthätigkeit (Hrsg.), Die private Fürsorge in Frankfurt am Main. Frankfurt am Main 1901.

Steen, Jürgen, Frankfurt am Main und die Elektrizität 1800–1914. Die zweite industrielle Revolution. Frankfurt am Main 1981.

Voigt, Andreas, Die Gründung der Universität Frankfurt am Main. Frankfurt am Main 1919.

Wachsmuth, Richard, Die Gründung der Universität Frankfurt. Frankfurt am Main 1929.

Weitensteiner, Hans Kilian, Karl Flesch. Kommunale Sozialpolitik in Frankfurt am Main. Diss. Frankfurt am Main 1976.

Wiggershausen, Rolf, Die Frankfurter Schule. Geschichte, theoretische Entwicklung, politische Bedeutung. München und Wien 1986.

Wolf, Mechthild, Heinrich Roessler 1845–1924. Ein halbes Jahrhundert Degussa-Geschichte. Frankfurt am Main 1984.

Wolf, Siegbert, Liberalismus in Frankfurt am Main. Vom Ende der Freien Stadt bis zum Ersten Weltkrieg (1866–1914). Frankfurt am Main 1987.

Abbildungsnachweis

Historisches Museum Frankfurt (S. 36, 105)

Hessisches Wirtschaftsarchiv (S. 21, 45, 46, 49, 50, 58, 63, 66, 67, 81, 161)

Hessisches Wirtschaftsarchiv, Foto T. H. Voigt, Frankfurt am Main (S. 162)

Institut für Stadtgeschichte (S. 34, 65, 94, 95, 103, 104, 116, 120)

Institut für Stadtgeschichte, Foto: Anselm Jaenicke (S. 123)

Universitätsarchiv Frankfurt (S. 14, 15, 136, 145, 146, 148, 151, 156, 165, 166, 177)

Aus Literaturvorlagen: Adickes, Erinnerungen (S. 155)

Däbritz, Metallgesellschaft (S. 28, 30, 31, 52, 53, 73, 79, 80)

Fachbeirat

Prof. Dr. Notker Hammerstein
Prof. Dr. Dr. Matthias Lutz-Bachmann
Prof. Dr. Dres. h.c. Bertram Schefold
Prof. Dr. Horst Schmidt-Böcking
Prof. Dr. Dr. h.c. mult. Michael Stolleis
PD Dr. Helmut Wicht

Schutzumschlaggestaltung: Ines von Ketelhodt, k und m design
Satz: Nicole Proba, Societäts-Verlag
Druck und Verarbeitung: Kessler Druck + Medien GmbH, Bobingen
Printed in Germany

ISBN 978-3-7973-1245-7